U0938325

跨學科的思想史

王汎森 著
謝偉傑 編

JPC

目　錄

上篇　跨學科的思想史

下篇　思想史訪談錄

上篇

跨學科的思想史

近代西方史學的新趨勢

一、史學危機

首先我要強調的是，我在這裏談的主要是我個人的學術經歷，所以其中帶有個人觀察的局限性。近幾十年，從史學發展來講，二十世紀最後一、二十年傳統史學面臨重大的挑戰，其最大的挑戰是來自「後現代」。有人甚至認為這是從希羅多德（Herodotus，約前484年–前425年）、司馬遷（前145年–前86年）以來史學所面臨最嚴重的挑戰。

十九世紀末有歷史主義（historicism），企圖把一切放在歷史發展的情境下加以歷史化，也就沒有所謂永恒不變的真理，因此導致西方道德、宗教、倫理等基礎的動搖，但那次史學危機還不能和二十世紀末的史學危機相比。

二十世紀末的史學危機在我看來可謂來勢洶洶。我在1985年進入中研院，1987年在美國普林斯頓大學唸書。從1987至1992年，我尚未強烈感受到「後現代」對傳統史學的批判。普林斯頓大學當時在歷史方面可謂大師雲集，不可能對外面的變化毫無所知，但當時的我卻未深刻感覺到後現代來勢洶洶，可見其時「後現代」還未能動搖幾個老派的學校，這些學者還相信歷史有存在的根基。[1]但是整體看來，在二十世紀最後的一、二十年，傳統史學面臨很大的挑戰。

二、對傳統史學的挑戰

1824 年，蘭克（Leopold von Ranke, 1795–1886）寫了《1494 至 1514 年間羅馬民族與日爾曼民族的歷史》（*History of the Latin and Teutonic Nations from 1494 to 1514*），該書後的附錄影響最大。他說在經過種種批判之後，連當時被認為最權威的著作都不可以被率然接受，這帶來根本性的改變。首先是強調第一手史料的重要性；同時是對外交史研究的重視，蘭克曾往來於歐洲各地發掘檔案，特別是教廷。在歐洲史上，教廷地位十分重要，各國大使頻繁進出，蘭克接觸到教廷各種檔案，開啟了錯綜複雜的外交史研究。他的口號「寫歷史一如它所發生的」，對當時史學界有很深的影響。大概從 1840 年以後，德國史學界已經籠罩在蘭克的影響之下。

蘭克的口才非常差，無法吸引學生聽課，但他首創 seminer 的教學方式，使得歷史教學不再只是講述（lecture），而是一起討論、研判史料，帶來無遠弗屆的影響。1870 年以後，蘭克治學的特色，如講究原始史料、重視檔案、嚴格史料批判、職業史學家（professional historian）等風格散佈至世界各地。亞洲國

1 他們體現的史學風格與傳統史家不同，比較受人類學者紀爾茲（Clifford Geertz, 1926–2006）的影響，傾向帶有人類學意味的歷史題目。

家如日本有蘭克學生到東京大學教書，影響日本史學界甚巨；美國早期許多傑出史家也多到德國取經，直接或間接受蘭克學派影響。蘭克學生所辦的雜誌是許多國家史學雜誌的典範，包括中研院的《歷史語言研究所集刊》。

回顧過去的史學史，最大的問題是太多從里程碑式史學宣言來看歷史風格的變化。里程碑式文獻誠然重要，但歷史風格變化應從實際操作中顯現出來，過去史學史的毛病是太過重視思想性的、史學方法指導性的、里程碑式的或宣言式的文字，忽略了之後在某種氣氛之下史學著作所反映出來的風格。

其實早期蘭克學派的學生很少人真正讀過《蘭克全集》，大多只是就各人興趣專長，讀個一鱗半爪，產生關鍵影響的反倒是伯倫漢（Ernst Bernheim, 1850–1942）。他把蘭克史學和實證主義哲學（positivism）混合，其《史學方法論》（*Lehrbuch der historischen Methoden*）一書影響很大，許多人透過伯倫漢的書而接受蘭克史學，如史語所創所人傅斯年（1896–1950）被認為創辦了「中國的蘭克學派」。但實際上他一生只提到過蘭克兩次，他的藏書中也沒有蘭克的書籍，但是我注意到他把伯倫漢《史學方法論》的書皮都讀破了。

但到了二十世紀，蘭克的史學風格卻遭到挑戰，伊格爾斯（Georg Iggers, 1926–2017）在 1997 年出版的《二十世紀西方史學》（*Historiography in the Twentieth Century: From Scientific Objectivity to the Postmodern Challenge*）一書中談到二十世紀傳統史學典範的動搖，此書稍嫌簡略，但可提供一個輪廓。書中談到蘭克學派動搖的原因之一，是人們不再滿足於政治外交史，或以重要人物及歷史事件為主的敘述方式。人們認為歷史應紮根於更廣泛、非個人的經濟社會基礎的了解。德國社會歷史學派、美國社會科學影響下的歷史與法國年鑑學派，基本上均代表對過去史學風格的修正，他們要求歷史的客觀與嚴謹和蘭克是相同的，但是認為歷史應有社會面貌，歷史的理解應奠基於社會經濟的基礎上。

接著是二十世紀的最後十年，是後現代理論對史學客觀性的挑戰，後現代有一個很重要的觀念——「文本」。「作品」是在人的意圖之下所寫出來的，後現代認為沒有作品，全部都是文本，與作者意圖無關，是語言的力量，語言可以顛覆人的意圖，人其實是在語言的牢房裏面。後現代一個重要的理論來源，是上世紀末瑞士語言學家索緒爾（Ferdinand de Saussure, 1857–1913）在《普通語言學教程》（*Cours de linguistique générale*）一書中所提出的語言學觀念，認為語言可以分成「能指」（signifier）和「所指」（signified），在各種語言中能指與所指沒有固定一對一的關係，而是任意性的關係，他認為語言所講的與所指的東西是無法復原的，文本的語言後面所指的（signified）無法復原，既然都是讀文本，則我們的了解都是一樣的。語言和其所指的東西是任意性關係，百年之後讀此文獻，大家解釋都是一樣，因為後面指涉的東西無法復原，都是某種程度的物事，所有人都是同樣地對同一東西的再現。既然你的是再現（representation），我的也是再現，那我們之間有甚麼高下之分？所謂歷史真相到底又在哪裏？

薩伊德（Edward W. Said, 1935–2003）《東方主義》（*Orientalism*）一書也產生相當影響，書中講西方早期對東方（指中亞或西亞）的了解都帶上白種人的眼光，無法說他們再現的

「東方」是真實的，他們的再現只是各種再現中的一種，則何者客觀？歷史的真到底在哪裏？

英國業餘史家詹京斯（Keith Jenkins）所寫的《歷史的再思考》（*Re-thinking History*）這本小冊子，把「過去」和「歷史」截然二分，「過去」無法由「歷史」完整呈現，而且每一個人在呈現過去時都有許多主觀見解夾雜其中，有各種偏見和各種考慮。所以歷史的客觀性（objectivity）是甚麼？這個影響一開始只是水壩的一個小洞，只是「能指」和「所指」沒有固定對應關係，變成「文本」，到後來「文本」後面的東西無法復原，到最後是歷史的客觀性是無法追求的。

孔恩（Thomas Kuhn, 1922–1996）《科學革命的結構》（*The Structure of Scientific Revolutions*）對歷史的客觀性挑戰也很大，這本書對西方人文社會科學影響很大。談歷史客觀性時的重要模範是自然科學，但孔恩的《科學革命的結構》說科學不是客觀的，而是很主觀的東西，科學家並不特別具有懷疑精神，科學家是很保守的一群人，而且科學理論不是如波普（Karl Popper, 1902–1994）所講的，先有理論，再不斷有事實來測試、甚至推翻理論。

孔恩反過來認為是理論把科學事實先掃進桶子內，然後把個別科學研究的成果塞進理論的典範（paradigm）裏面，等到有一天，產生很多非典範所能解釋的變異現象的時候，人們才開始慢慢思考這些典範所不能解釋的變異可能必須尋求另外的解釋，於是有人提出新理論，然後透過「科學社群」中的說服工作，慢慢形成另外的一個典範——所以是先有典範，再有科學家在裏面做拼圖填補的工作。而孔恩說典範是由科學家社群所決定，受種種政治社會經濟原因的影響，使得人們會放棄原來的典範，尋找另一個典範。由此，科學也是由科學家社群決定，受種種社會政治經濟等影響，才能使科學家形成共識。既然典範先於科學家所講所做的實驗發現，如此科學的客觀性在哪裏？孔恩説，每一個典範都不能解釋所有大自然現象，新的典範解釋一部分，也丟棄了一部分，所以客觀在哪裏？

在我進入中研院以至到美國留學期間，德國社會歷史學派、美國社會科學影響下之史學和年鑑學派均很有力量，尤其是法國的年鑑學派。我在史語所的同事康樂（1950–2007）主持出版《新橋譯叢》時，便曾計劃大量翻譯年鑑學派的著作。大概是我到普林斯頓大學求學的第二年，便曾經花了一千多元美金搜集了二、三十本年鑑學派英譯的著作。我個人寫過柏克（Peter Burke）《法國史學革命：年鑑學派 1929–89》（*The French Historical Revolution: The Annales School, 1929–89*）一書的書評，後來中文翻譯者放入書中作為導讀，其中談到年鑑學派形成過程與發展等大概。

柏克認為 1929 年至 1980 年代，年鑑學派經過三次變化，慢慢地從地窖升到閣樓。所謂地窖，是研究歷史底層、歷史結構、歷史整體長時段的變化，但到他們的第三代弟子卻又開始回過頭來研究人物——不過他們研究這些人物的方式已與傳統人物史的做法不同。柏克分成三階段來談年鑑學派，有失之簡化之嫌，但不無參考價值。

二十世紀後半，年鑑學派的影響很大，深入各國歷史研究，如美國、日本，甚至波蘭總理拉科夫斯基（Mieczyslaw Rakowski, 1926–2008）便是年鑑史家。年鑑學派的主要影響有：

（一）使史學界研究的題目與材料無限擴大，這是年鑑學派對歷史最大的貢獻。過去被忽視的歷史角落，每天生活接觸的各式各樣問題都可作為研究題目。如年鑑學派研究生老病死，尤其是死亡，研究各種文明面對死亡的態度、面對死亡的方式等。所以百年之後回頭看二十世紀的史學，年鑑學派的許多主張或許會慢慢流失，但其解放史學題目及材料，賦予題目及材料新意義卻有重要影響，包括各式各樣的圖像、口供、日記、實物等材料。

（二）重視整體歷史（total history），如年鑑學派第二代代表人物的布勞岱（Fernand Braudel, 1902–1985）認為應該寫「整體的歷史」，包括從地理、事件到個人，全部寫進去，所以布勞岱寫的《地中海與菲利普二世時代的地中海世界》（*The Mediterranean and the Mediterranean World in the Age of Philip II*），只花七、八十頁寫最重要的那一場戰役，大部分內容包括地理、空間、物質文化等，最後才寫到事件；他說事件只是泡沫，人只是泡沫，重要的是結構。

（三）布勞岱把歷史時間分成長時段（longue durée）、中時段（conjuncture）、事件（event）。研究歷史不能只熟悉某一事件，應還有長時段、中時段的思考。他的這三種時間觀念影響相當大。但布勞岱並未非常有力地把三種時間有機地結合起來。布勞岱《地中海與菲利普二世時代的地中海世界》、《十五至十八世紀的物質文明、經濟和資本主義》（*Civilization and Capitalism, 15th–18th Century*）等書也因未把三時段串在一起，而受到一些批評。但他以這種時間觀念來看歷史，是過去少見的。不過，布勞岱的《十五至十八世紀的物質文明、經濟和資本主義》一書開啟無數題目，許多博碩士論文及各種討論會的論文題目都可從其書中找到蛛絲馬跡，他告知我們一種看歷史的新眼光。

（四）系列史（serial history）的看法：年鑑學派研究下層，講究整體（collective）的觀念，是受法國年鑑創始者布洛克（Marc Bloch, 1886–1944）和費夫賀（Lucien Febvre, 1878–1956）的老師涂爾幹（Émile Durkheim, 1858–1917）影響。涂爾幹重視整體觀念，年鑑學派認為許多材料無法從文獻中獲得。例如廣大人民何時放棄基督教信仰，是無法從文獻中看到變化過程的，所以要用各種零星材料，放在統計系列，從中得到歷史發展趨勢。例如沃維爾（Michel Vovelle, 1933–2018）研究法國去基督教化過程，到底法國是在法國大革命以後基督教信仰才逐漸流失，還是大革命是長期去基督教信仰之高峰？他的書認為應從一些日常人們所不注重的材料將之系列化，最後再看出其趨勢，因此統計許多遺囑中捐錢給教會的數目變化、教堂神像蠟燭的重量、建築空間佈置等傳統史家毫無興趣的問題，但這些研究方法確實可看出長時段演進趨勢。這是一般老百姓想法，老百姓沒有聲音，必須靠迂迴方式去了解他們心態的變化，建構系列，從而得出歷史發展，年鑑學派把這些研究方法運用至相當精巧的地步。

（五）心態史：將來回顧二十世紀史學，心態史也必然是年鑑學派留下的重要遺產。過去研究重點基本上是思想史，重視思想家、思想運動與社會和歷史的關係；哲學史研究哲學家或重要哲學論題的歷史形成過程。可是年鑑學派提出心態史（history of mentality）研究，這與前述整體的觀念亦分不開，認為我們不只要研究偉大的思想家，同時也要研究一個時代中下層百姓的心態，如他們對生老病死、對神、對權利、對國王的看法等集體心態。他們認為凱撒（Julius Caesar，前 100 年–前 44 年）時代一定有一些心態是從凱撒到他手下的士兵所共同擁有的，是集體的、整體的。

以心態史角度做研究而最具影響力的是年鑑學派第一代創始人費夫賀，他現在雖然不如布洛克那樣受人敬重，但其實他是年鑑學派形成最關鍵的人物，既有學問，也有政治手腕，善於掌握權力與組織。他有一本重要的書《十六世紀的無信仰問題：拉伯雷的宗教》（*The Problem of Unbelief in the Sixteenth Century: The Religion of Rabelais*），談論十六世紀不信仰的問題。很多人認為法國通俗喜劇作家拉伯雷（François Rabelais，生於 1483–1494 年間）是無神論者，可是費夫賀由心態史的角度來看，發現十六世紀根本不存在不信仰的問題。因為當時思想概念的工具中根本沒有「不信仰」這個概念，所以從當時心態環境看並沒有後人所爭辯的信仰或不信仰的問題，他認為這完全是後來人加上去的，而他的舉例都從一個時代集體心態史角度方法來論證這個論點。這是一本相當有意思的書，可以看到思想史研究不再只是研究個人，而是研究集體的心態，論證的方式相當有意思，這類作品在後來的年鑑學派中相當多。如杜比（Georges Duby, 1919–1996）說法國把人分成三層，為甚麼大家甘於這麼被劃分？類似的則有如中國士農工商的區分法。這種心態一般思想文獻未提，但透過心態史重構，可了解一般百姓的想法，故心態史研究是注重廣大下層人民的。但心態史也有其弊病，例如用來研究中國古代歷史則完全不行，與年鑑學派關係密切的一位史家曾用這種方式研究中國古代思想，結果看起來非常貧瘠，其最大問題是沒有辦法解釋變化——既然是結構的東西，持續時間相當長，但變化很少，也難以勾勒出來。總之，年鑑史學相當豐富，幾代的史學家非常活躍，中間也有許多曲折。

三、英國馬克思主義史學

由於普林斯頓大學有史東（Lawrence Stone, 1919–1999）等左派史學大家，在其影響下，英國馬克思主義史學也是我當時感受到有重大影響的史學派別。馬克思主義史家可分為兩派：一派是教條的、官方的史學；一派是接受馬克思主義部分思想又加以修正的，著名的史學家多是先受其影響而後修正其思想，如希爾（Christopher Hill, 1912–2003）、E．P．湯普森（E. P. Thompson, 1924–1993）、霍布斯邦（Eric J. Hobsbawm, 1917–2012）等人。

其中我最注意的是E．P．湯普森，其著作和論文開啟二十世紀下半葉許多社會史和文化史的研究方式，影響很大。湯普森並非是十分專業的史家，他原先在勞工學校教授歷史，是一個忠誠的共產黨員，卻又有修正馬克思主義的看法，最有名的書是《英國工人階級的形成》（*The Making of the English Working Class*）。我到美國唸書後發現這一本書竟然出現在許許多多課堂的書單內，這是非常令人驚訝的。這本書已經有中譯本。英國馬克思主義史學研究者的文章透過他們所辦的《過去與現代》(*Past and Present*)雜誌發表,是西方語言世界聲望最高的歷史雜誌,和美國歷史學會辦的《美國歷史評論》(*The American Historical Review*)地位在伯仲之間,只是這幾年隨著馬克思主義史學大師凋零,而開始式微。

以《英國工人階級的形成》一書為例,它改變了馬克思主義認為下層結構決定上層的説法。以階級意識為例,他説並非身為勞工即有勞工的階級意識;人們沒有天生的階級意識,而是靠文化不斷運作而產生,下層經濟結構不能決定上層文化結構,階級意識是由歷史、文化、行動等等創造出來的,這大大改變了一般人對馬克思主義的看法。當然湯普森關懷勞工階級的形成,提倡歷史要由下而上,這些觀念均受馬克思主義的影響。另外,希爾則主要偏向思想,最有名的研究是《清教思想和英國革命》(*Puritanism and Revolution: Studies in Interpretation of the English Revolution of the 17th Century*)。他們的研究有一個共同的特色,即歷史是由下而上,要使過去長期被忽略的那些貧窮百姓、勞工等都有其歷史。他們不像一些正統史家所認為的勞工階級文化是菁英文化的乖離,因為過去未把下層百姓看成是主體,所以會把他們的風格文化看成是正統文化的偏離;其實如果將其看成是主體,則其風格文化是他們的創造,這種觀點對後來影響很深。湯普森的幾篇論文,如講道德經濟(moral economy)、講工人的時間觀念,幾乎都引起很大的迴響。

所以回顧二十世紀的史學,絕對不能排除英國馬克思主義的史學,他們基本上也是偏重社會史,尤其如湯普森、希爾、希爾頓(Rodney Hilton, 1916–2002)等馬克思主義史家,影響深遠。他們的研究使人們看歷史的方式變了,要由下而上,要正視下層階級產生的文化習慣，不把它看成偏離正常軌道，需要校正。其實下層階級自有其一套風格，與年鑑學派不同地從另一方面改變了歷史的看法。

四、史學的幾種新視野

此外，我在留學美國時期感受到當時西方有幾種新的史學趨勢。後來，我在臺大教「英文史學名著選讀」課程時，便經常加以討論。接下來我要舉例性地談談幾種趨勢。[2]

首先是政治思想史。因為我的本行是思想史，所以劍橋政治思想史學派的著作很快地進入我的視野。二十世紀下半葉西方政治思想史界似乎隱然分成兩派：一派是對文獻思想內部精讀，做最深入詮釋與精細的發揮，以芝加哥大學的史特勞斯（Leo Strauss, 1899–1973）及其學生為代表，他們奉行的研究方式，如研究馬基維利（Niccolò Machiavelli, 1469–1527）的《君王論》（*The Prince*），會就文獻中的每個字眼、內容、思想做最精細的推敲發揮；另一派以史金納（Quentin Skinner）、鄧恩（John Dunn）等人為代表，認為思想史要放在歷史的脈絡裏面，兩派中以此派站上風。史金納的政治思想史著作在西方的影響是無遠弗屆的，其兩大冊《現代政治思想的基礎》（*The Foundations of Modern Political Thought*）影響很大。史金納

---

2 以下的內容部分參考 Peter Burke, ed., *New Perspectives on Historical Writing* (Cambridge: Polity Press, 1991)。

在二十八歲時曾寫過一篇文章痛批史特勞斯等思想文獻內部學派，影響亦大。

兩派各有優缺點，他們都做過馬基維利的《君王論》研究。史特勞斯寫成六百頁的書，包括章節安排、任何細微思想均有發揮；可是史金納講馬基維利，則完全是另一種風格，聯經「西方思想家譯叢」有翻譯，其中有許多殊勝之處，讓我們覺得這些思想不是在空中飄浮，而是放進社會政治脈絡中的，馬基維利的話不單只是思想的話，而是有所指的，如馬基維利提到君王須知道在適當時候不道德。照史特勞斯的解釋，可能純從思想去講思想體系概念意義，但史金納則會說這句話是有所指的，針對當時意大利的政治環境，配合其思想而提出的。兩種詮釋方法相當不同，卻讓我有一種感覺，就是史金納的新政治思想史對政治思想詮釋雖然掀起這麼大的波瀾，但思想的豐富性消失了，他要把每一概念放到社會政治脈絡上看，使《君王論》本身思想的豐富性消失了。因為能放在政治社會脈絡的部分並不很多，我們反而要看史特勞斯對《君王論》的闡釋才能了解思想家思想的豐富、多彩多姿與變化萬端。所以史金納的新政治思想史雖然席捲了政治思想界，但也失去一些東西，如果這些思想家不是因為他思想的豐富與深刻，為甚麼還要研究他呢？

新政治思想史學派還因劍橋大學出版社的一套叢書「在脈絡中的思想」（"Ideas in Context"）而擴大了影響。史金納曾說，如果要研究馬基維利的思想地位，你不能只看他講甚麼，你還要把當時時代的語言約定（language convention）找出來，因為他們都受後期的維根斯坦（Ludwig Wittgenstein, 1889–1951）

的影響。後期維根斯坦有一重要概念 —— 語言本身並沒有它超越的、不變的意義，語言是在日常使用中產生它的意義，語言產生的是語言約定，一個時代共認的、約定俗成的概念。史金納受這影響，認為要找出思想家在其時代的地位，必須看在語言約定下的《君王論》某些思想到底在哪裏。要研究一個時代的思想，他們會先把二流三流的書或手冊找出來看，找出語言約定後，再把思想家放在裏面，看出有多少部分是與那時代的約定相同的，有多少是他邁越同時代其他人而展現獨特性的部分，如此才能評估時代的思想狀況和思想的特殊性。

小歷史（micro history）在當時的西方史學界也相當有影響力（我的同事林富士〔1960–2021〕即著有《小歷史》一書），小歷史的幾位代表性學者多是出自意大利，如金茨堡（Carlo Ginzburg）的《乳酪與蛆》（*The Cheese and the Worms*），他們基本上是對美國過去幾十年受社會科學影響的歷史、或年鑑學派動輒處理幾百年的反撲。他們認為歷史研究不能再像以前，有如從十二樓高看下來的世界，看不到甚麼，美國社會科學要找出規律量化曲線，需要用到多少電腦，累積多少材料，再得出其結論。他們認為人類生活世界的豐富性和精彩性無法從高處俯瞰到，而應該在適當時間把史學規模縮小，所能看到的意義和豐富性有時是其他從宏觀角度講整體的幾百年歷史所看不到的。

但小歷史也面臨「零碎化」的批評，因為要處理某世紀某個小鄉村的某個人的世界觀，與整體的大歷史圖像似乎沒有甚麼關聯，要運用很多過去所不用的材料。但下階層的小規模的材料如村莊史料很少，例如前進的史學家也希望在中國歷史材料找到非常具意義的小歷史材料。幾部小歷史有名的書所根據的材料除非偶然得到，不然就是教會審判的材料。因為西方在中世紀以來對異端的審判，所問的問題非常細微，從外表生活到內心世界，因此留下了許多很好的歷史材料。像拉杜里（Le Roy Ladurie, 1929–2023）在《蒙大猶：1296–1324 年奧克西坦尼的一個山村》（*Montaillou: The Promised Land of Error*）一書中所使用的史料，1930 年教廷已將它們公佈，但不大有人敢用。用過去的觀點來看這些史料，看到的是一群人被迫害的歷史，就審判材料來講，這些材料也有很大的局限性，因為人在審判時，說的並不一定代表其真實想法。1960、1970 年代以後，換一個角度來看這些材料，就像田野調查報告，很多小歷史的史家都用這類材料來重建小規模或下階層的某個人的思想、世界觀或生活世界等，基本上有零碎化歷史之缺失，但也幫助了我們在一個時代大規模過度通論化（generalize）敘述下，去了解細部歷史如何運作。

幾十年來西方史學界非常流行的重要趨勢，是對過去無名的、沒有紀錄的下層民眾的歷史做一些研究，這是過去史學家比較不注意的層次，馬克思主義和西方的勞工運動對下層歷史影響很大。沃爾夫（Eric R. Wolf, 1923–1999）寫有一部很著名的英文書《歐洲與沒有歷史的人》（*Europe and the People Without History*），是這方面的經典之作。猶記得我剛到普林斯頓前不久，娜塔莉·戴維斯教授（Natalie Davis, 1928–2023）的《馬丹蓋赫返鄉記》（*The Return of Martin Guerre*）被拍成電影，引起極大的注意，這也是一部下層民眾史的代表作。

日常生活史研究也是重要的一支，後期有些一流的年鑑學派史家轉向日常生活史的研究，像杜比、阿利埃斯（Philippe

Ariès, 1914–1984）編了一大套西方《私人生活史》（*Historia de la vida privada*），即是一例。同時也有一些過去默默無聞的書籍被重新挖掘出來，最好的例子是伊利亞斯（Norbert Elias, 1897–1990）所寫的《文明的進程》（*The Civilizing Process*）。此書在幾十年前已出版，但在當時學術風氣之下，感覺太平凡、沒變化而且沒有意義，所以不受重視；可是這書隨著大家對日常生活史的重視和興趣而復活，裏面討論西方文明禮儀（如現在那套正襟危坐的表現、餐桌禮儀等）如何形成等。其實中國歷史文人的日常生活史我們也了解很少，彰顯一個我們過去不重視的面，士大夫或者士大夫社群的史料是無數的，可是過去史學眼光和角度很少去注意，這方面的書寥寥可數，即便有《清季一個京官的生活》，[3] 然而其中生活史的部分很少。其實這方面材料很多，要等史學的眼光改變了，才會從這些史料中看到意義。

接著是閱讀的歷史，過去史學界較少人研究閱讀和書籍印刷的歷史。以前這是圖書館系的範圍，但二十世紀最後二、三十年，西方的印刷史（history of printing）成為十分熱鬧的一支，並已大幅影響到中國史的研究，有幾本受到相當重視的書都與印刷史有關，或至少在背景部分大量運用古代的印刷和書本流通，說明文化與學術的關係。普林斯頓大學的丹頓教授（Robert Darnton）一生均從此題目入手。他發現一個十七世紀的出版社檔案，有五萬多封通信，鑽研久了之後，看出一些非常有意義的問題，對整個法國大革命前後的歷史詮釋都有幫

3 張德昌，《清季一個京官的生活》（香港：香港中文大學出版社，1970；北京：生活．讀書．新知三聯書店，2021）。

助。法國史家夏提葉（Roger Chartier）《法國大革命的文化根源》（*Cultural Origins of French Revolution*）一書研究書籍歷史，包括印刷材料、傳單、閱讀的歷史。從這個角度回頭看中國古代經典的閱讀詮釋發展史，是很有意思的，看詮釋如何形成，如何改變人們對經書的詮釋，形成支配力量。如乾嘉考證形成過程可看其閱讀變化、立下的標準與限制。過去的人不會以這種方式來研究。

婦女史方面，在 1960 年代婦女運動的盛行影響下，婦女史先是流行女性主義（feminism），接著是婦女史研究，後來又流行性別（gender）歷史的研究，一波接著一波而來。人們在婦女史研究之後認為「history」應改為「herstory」，因為過去婦女沒有歷史，認為如果從婦女史的角度來看歷史，文藝復興、宗教革命都不會有，而以婦女為中心的歷史分期也完全不同。

還有身體的歷史（history of body），譬如研究為甚麼「靈」和「肉」相比，「肉」一文不值，而「靈」就那麼重要？為甚麼精神永遠比物質好？這種歷史是如何形成的？又如研究發瘋這個問題，在弗洛伊德（Sigmund Freud, 1856–1939）之前和以後解釋有何不同？弗洛伊德之前解釋為撒旦附身或生理某方面的疾病，弗洛伊德以後認為這是精神問題。這些部分在過去很少人注意，但在近幾十年來成為相當重要的一股潮流。與身體史有關的生命醫療史也是一個重要的史學潮流，現在臺灣史學界，尤其是中研院，早已形成了一支很強大的醫療史研究隊伍。

接著要談「敘述的復返」。在 1970 年代有人開始反省，二十世紀追求的新史學竟然如此玄妙，寫出來的書沒人讀，裏面沒有故事。從希羅多德以來大家均認為史學家的基本任務為講故事，但是不管年鑑學派、馬克思主義史學或新經濟史學派等等都沒有吸引人的故事在其中。普林斯頓大學的教授史東在 1979 年 11 月的《過去與現代》上發表〈敘事的復興〉（“The Revival of Narrative”），震動西方史學界。文章其實並沒有太多創見，但它說中大家心中的一件事 —— 專業的歷史著作已經沒人讀了。他批評三派史學：一是年鑑學派的「整體史」，布勞岱建構那麼大的七寶樓臺 —— 菲利普二世與地中海世界，但是除了最後幾十頁外，幾乎沒有「人」在裏面，他的「整體史」與人沒有產生直接聯繫；二是批評馬克思社會經濟史，也很少「人」在內；三為批評美國新經濟史學派，1993 年諾貝爾獎得主的新經濟史派學者（傅戈〔Robert Fogel, 1926–2013〕與諾斯〔Douglass North, 1920–2015〕）被他嚴厲批判。因為他們花幾十年請了許多助理做許多計量工作，但他們的書沒有人看得下去。曾任法國國家檔案館館長的年鑑學派第三代代表人拉杜里在 1970 年代出版了《史學家的領域》（*The Territory of the Historian*），書中提到，至遲到 1980 年代，如果沒法設計電腦程式，就不能成為史學家。史東即針對這點批評說，做了這麼多問卷統計，但最後所得的答案常常沒有意義。史東寫這篇文章與他個人的研究經驗有關，他從牛津大學到普林斯頓，受當時流行的計量史學影響，請了大量助理，統計大量電腦資料，大費周章地研究英國中產階級開放性或者封閉性的問題。結果大病一場，只寫成一本小書。當他在醫院養病時看一些十六世紀的小說、日記、書信集消遣，後來寫了《英國十六至十八世紀的家庭、性與婚姻》（*The Family, Sex and Marriage in England, 1500–1800*），反而成為很重要的書。他之所以寫〈敘事的復興〉

一文，基本上也是他個人的反省。

最後，新文化史毫無疑問是二十世紀最後二、三十年來最當令的史學派別，對新文化史有興趣者可以看亨特（Lynn Hunt）所寫的《歷史的真相》（*Telling the Truth About History*）一書，解釋為何會有新文化史。新文化史基本上認為我們現在看到的種種現象都是文化建構（cultural construction），許多我們研究的經典在當時都不是經典。莎士比亞的戲劇在開始時不是經典，它們有一個被經典化的過程，一個文化選擇建構的過程。包括男女性別也是文化建構，西方對女人的要求期望與東方不同，對性別態度也受到文化的建構。所有的界域（boundary）隨時代社會變遷而變化，包括性別、身體、瘋狂或正常、有罪或無罪的看法，都是社會和文化建構的結果。任何約定俗成或以前認為不變的東西，在他們看來都是流動的和建構的，由此而開啟的史學問題很多。新文化史處理的許多體裁，其實年鑑學派已經處理過，但方式不同，前者重視文化和社會的建構性力量，甚至如疼痛、某些緊張感覺也都是文化建構。馬克思主義認為一切都是經濟決定的，新文化史則認為一切都是文化社會建構的，既是建構的，就不是永恒不變的，也不是被社會經濟所決定的。

以上幾種流派，勢力雖有消長，但大多仍佔重要的地位，屬於「現在進行式」。除上述之外，就我所知，近年來全球史似乎成為史學的新趨勢，但是因為我沒有涉獵，所以只在本文最末稍作交代。

五、重新思考卡耳的《何謂歷史》

由上述新史學的趨勢，回過頭去看1960年代以來的史學導論經典名著《何謂歷史》(*What Is History?*)，便有若干不同的想法。1961年，英國的俄國史專家卡耳(E. H. Carr, 1892–1982)寫了一本《何謂歷史》，這本書是所有西方大學歷史系的入門書，雖然後現代史學挑戰那麼厲害，但此書仍經久不衰，可以在美國任何書店買到。該書寫於1960年代，距今已近六十年，但我認為我們可以藉此回顧，在經過時間的變化後，人們對歷史究竟產生甚麼不同的看法。

照後現代角度來看歷史的真相是不可能得到的，連很謹慎的史學家伊格爾斯在《二十世紀西方史學》最後一章也講，雖然不敢說可能得到絕對客觀，但是我們希望儘可能做到「趨近客觀」。卡耳已經是他那個時代相當前衛的史學家，書中有許多部分回顧起來仍然相當新，但他絕不會想到後來從文學、語言、哲學跑出的一些人，會對史學的客觀性作出重大的一擊。以下我想從前面的新史學潮流出發，重新反思卡爾這一本書中的若干論點。

首先，甚麼是歷史事實？卡耳說歷史事實與一般事實不同，一般事實很多，而歷史事實是歷史學家挑出的其中一部分。但卡耳絕對沒想到歷史研究範圍可以如此寬廣：如身體的歷史、圖像史、感覺的歷史、心態的歷史、下層百姓的歷史、婦女的歷史。另外如傅柯(Michel Foucault, 1926–1984)所寫的瘋子的歷史、診療院的歷史、法國公共衛生的歷史等等，這些都是卡耳所沒想過的。

接著是歷史中的英雄與個人，卡耳在書中談很多個人和社會關係，對此他持調停之見，認為個人和社會都很重要。可是過去幾十年歷史的發展，似乎傾向於認為個人並不重要，尤其是年鑑學派幾位大師認為個人只是泡沫，個人是被整體結構決定的，甚至後來的日常生活史、小歷史宣稱要擺脫布勞岱那麼大的歷史架構的這些史家，其實也沒有真正如卡耳所討論到的對歷史有舉足關鍵的英雄或重要的政治人物。卡耳在講個人與社會時，重視的是大人物，很少談到下層百姓。

對歷史必然性與偶然性的討論，也是卡耳書裏的重要一章。在他寫此書之前，在史學理論方面，有一篇影響重大、轟動一時的文章——由以撒．柏林（Isaiah Berlin, 1909–1997）所寫的〈歷史的必然性〉（"Historical Inevitability"），卡耳對這篇文章非常反感。不過現在看起來，卡耳對以撒．柏林有很大誤解。在《何謂歷史》書中，凡是提到以撒．柏林〈歷史的必然性〉時，卡耳總是有意無意爭辯說以撒．柏林是主張偶然論。但閱讀以撒．柏林那文章和其他相關著作，會了解到其實以撒．柏林只是認為「人」在歷史發展中有相當大的自由性與主動的角色，並不是如馬克思（Karl Marx, 1818–1883）所講是歷史定律的囚徒，一定按幾個階段論發展。以撒．柏林認為人有自由意志可以左右歷史，但那並不一定就是偶然論。

卡耳在書中提到很多因果觀念，可是他的因果觀念多是一對一的因果觀念。從年鑑學派以來所講的是結構和個人的關係，結構式的因果觀對卡耳而言是陌生的，卡耳可能沒有意識到可以有結構和個人的因果關係。

最後，想談人是否能擺脫成見來研究歷史。若看過去幾十年流行的詮釋學或後現代對人的先入之見或偏見的反省或批判，尤其如伽達瑪（Hans-Georg Gadamer, 1900–2002）的詮釋學認為沒有 preunderstanding，沒有 prestructure，沒有這些先入之見，要了解一件東西是不可能的；人不可能如同笛卡爾（René Descartes, 1596–1650）的理想澄清到如同一面光明鏡子般去看一件東西。卡耳還留在過去傳統中，雖然相當有保留，可是他似乎沒法了解歷史研究要在承認人不能如笛卡爾講的像清澈的鏡子的前提下，而且是因為有那麼多先入之見才能了解歷史。

二十世紀結束前的幾十年，史學的發展使人們思考歷史的因果和客觀性都產生巨大變化，對照卡耳的書，許多是他所沒想過的，所以有很多想法要變。新的並不一定是對的，但是可以作為一種對照。

後現代風潮，沛然莫之能禦，但是迎頭痛擊的書也不少，我印象比較深刻的是伊凡斯（Richard Evans）的《為史學辯護》（*In Defense of History*），以及澳洲史家溫楚特（Keith Windschuttle）1996 年寫的《謀殺歷史》（*The Killing of History*）。近年來，我個人的觀察認為，學界對於「歷史客觀性」的強烈懷疑已漸漸退潮。在巨大衝擊之後留下的，反倒是後現代所留給史學工作者的一些反思。後現代提醒我們，作為一位歷史家，必須承認人的有限性；後現代也提醒我們一件事，歷史是這麼多東西下的產物，有這麼多的先入之見、背景、權力、政治、文化社會因素支配歷史的寫作，所以史家有其局限，作為一名歷史工作者要時時以此提醒自己。

我必須坦白承認，對於西方新史學的觀察基本上到前述為止，所以我對近一、二十年來的新史學潮流並沒有發言的資格。但是，我前面所提到的種種新史學潮流，大多仍有其勢力與影響，其中年鑑學派似有衰退的跡象。另外，特別值得注意的是，在過去十多年來，有一股新的史學潮流興起——全球史。我對這一個潮流並沒有深入的觀察與了解，只能浮泛地寫幾句。全球史重視「全球關聯性」。在全球史視野中，空間的想像得到很大的強調。全球史不以「國家」為限，而過去的史學則每每是以此為限，不只是政治史如此，其他許多領域的歷史也是如此。沒有了這個界限，往往不知道如何著手寫史。但是有許多東西的流通，是不以「國」為界限的，譬如人口的移動、思想、概念、流行病、瘟疫、物品、醫藥、器物、原料等等，所以全球史有其切要性。譬如在處理思想、概念時，應該注意跨國界傳播、涵融、流通；譬如普世人權或同胞愛的觀念，全球史的視野促使人們考量它們在全球各地的發展，而且注意到它們受到各地不同語言、文化形塑的情況。所以全球史與各地的文化史，不但不互相衝突，還可以是好夥伴。

在回顧了我所親歷的新史學潮流之後，想以三點反思作為結束。第一，在執筆改寫這篇文章時，我發現在我擔任史語所所長時規劃的《中國史新論》（共十冊，聯經出版印行）中的主題，與前述的種種新史學趨勢有相互的關聯。我最初的規劃中有政治史，但後來因組稿困難而未峻事，這多少也反映了政治史沒落的實況。不過近年來，我了解到新政治史有漸漸興起之勢（但因對此並無涉獵，所以不敢多談）。

第二，我的〈人的消失？！——兼論二十世紀史學中「非個人性歷史力量」〉一文（收入《思想是生活的一種方式》一書中），[4] 其實在某種程度是對部分新史學潮流的反思。我個人認為西方近幾十年的史學發展，雖然開拓了許多新的方向，貢獻很大，但是有一個面相相當明顯，即「人」在歷史書寫中的分量變得愈來愈輕，或刻意被忽略、抹煞，而我希望在這些新史學的背景中帶回「人」的作用。在充分採用近代新史學的長處之後，我們要重新尋找「人」在這些結構性歷史因素中的角色與地位。這樣歷史會變得更有機，也更有挑戰性。最重要的是，讀者也可以重新在歷史著作中找到「人」的角色與地位，即使這個「人」已經變成一個極度複雜的主詞。

第三，過去史學的專業化使研究者不必太關心非專業社群的讀者，也使各領域的研究者逐漸區隔開，但思想與社會、政治、教育等有複雜的「交互依存」性關係。我認為歷史一如龔自珍（1792–1841）所說的，是一種「大出入」之學。在專門的學科知識（內）之外，尚有很大的「外」的天地，必須與之保持呼吸相通，否則，這門知識會有內捲化的傾向。所謂「外」包括其他學科的養分，更包括社會經濟、習俗、現實局勢等，甚至是比較具有長遠性、永恒性的價值。我之所以特別強調「入」、「出」這個部分，是因為二十世紀以來是史學專業化的時代，這個時代的人類文明有長足的進步，但也有壞處，其中一種壞處即因過度專業而內捲、鑽牛角尖、排他，甚至會有狹隘性的危險。所以如何「入」而得其肯綮與竅門，用黃宗羲（1610–1695）

---

4 王汎森，〈人的消失？！——兼論二十世紀史學中「非個人性歷史力量」〉，載氏著，《思想是生活的一種方式：中國近代思想史的再思考》（臺北：聯經出版，2017），頁 353–391。

在〈答萬充宗質疑書〉中所說的對「繭絲牛毛」都能辨析毫芒。同時要能「出」，在大的格局、架構、長時段、現實的社會環境、長遠的價值系統中來審視、盱衡專精的追求是不是被固著化、本質化、內捲化。而且，「出」的時候也會得到新的刺激，促發新的關注，引出新的問題，進而導引新的「入」的探索。所以不斷的「入」、「出」，是一個不斷汲引活水、有生機的過程。

當代西方政治思想史的兩個流派*

我要講的是近代西方政治思想史中的兩個流派，主要宗旨是想擴大思想史的視界。我將介紹這些學派，也將介紹評論這些學派的意見，但並不代表這些批評的意見可以取代原來的學派。我只是覺得，應該擴大來理解思想史研究的視界與範圍而已。

二十世紀的思想史研究，起過作用的相關學科流派很多，我只簡單列舉幾個。首先是以阿瑟・拉夫喬伊（Arthur O. Lovejoy, 1873–1962）為代表人物的觀念史（history of ideas）。他的主要看法是認為討論思想史時，以思想的「單元」（idea unit）作為討論的主題。他的著作《存在的巨鏈》（*The Great Chain of Being*），這部書現在也有中譯本。我發現《存在的巨鏈》英文本在西方幾乎成為時髦，大概幾乎每位人文、社會科學的教授或學生家裏都有一本，可是很少人真正讀過，因為這本書不容易讀。從柏拉圖（Plato，前429年–前347年）以來，大家都圍繞著「存有」（being）這件事情在討論，通貫整個西方思想

* 本文是2017年我在東吳大學中國文學系「劉光義教授紀念專題講座」演講後主辦單位的紀錄稿。由於截稿時間倉促，我只能略為瀏覽一遍並稍作修正。因為是演講，所以下語不易精確，請讀者諒察。

史。這本書將「存有」作為思想的一個單元來討論，正體現了拉夫喬伊處理思想史一個特殊的辦法，就是以各個「單元」處理觀念史問題。

拉夫喬伊是哲學系教授，不是歷史系教授，他的著作相當豐富。我在寫《古史辨運動的興起》的時候，也參考了他《觀念史論文集》（*Essays in the History of Ideas*）中的文章。他討論古希臘、古羅馬時，基本上也體現了用思想的單元作為觀察歷史的方式。我記憶中，他並不局限於純粹的觀念史就思想本身在討論，不理會歷史的變遷，但他是以觀念史出名的。現在回想起來，他單篇論文是非常精彩的。

第二個是心態史（history of mentality）。我讀書的時候最流行的是心態史，它是伴隨法國年鑑學派而來的思想史作法。年鑑學派深受社會學者艾彌爾・涂爾幹的影響，討論事物時總是強調集體的（collective）表現；到了後期，費爾南・布勞岱又多少受到當時法國流行的結構主義的影響。

法國年鑑學派重視的是一般老百姓生老病死的歷史，不是大思想家的，用一句話形容就是「從凱撒到他的士兵，都共享著思想的心態」。譬如說喬治・杜比在《三個等級：封建制的想像》（*The Three Orders: Feudal Society Imagined*）中認為，歐洲從很早就形成三個等級社會秩序的觀點，有些人生來的工作就是為大家祈禱，有些人就是農夫，有些人就是負責打仗。從希臘、羅馬以來的語言學，很早就提出這個觀點，但杜比是從心態史的角度來看：中古時代從高等到低等，從精英到普通人，都有一個共有的心態，即相信這種秩序是天生的。就像民國時期，從孫中山（1866–1925）到他的司機，都知道「社會」是怎麼回事。但在二十世紀之前，「社會」不是現在的意思，而是迎神賽會等那一類的意思。集體大眾共享的一些想法，即稱之為心態史。

我們熟悉的年鑑學派的代表人物是馬克·布洛克，事實上還有另外一個關鍵人物呂西安·費夫賀，他比布洛克成功得多，而且是年鑑學派的第一代的創始人之一。馬克·布洛克是個可憐蟲，因為呂西安·費夫賀把所有勝利的果實都拿走了。布洛克每年千里迢迢跑去選法蘭西學院的院士，又不敢得罪呂西安·費夫賀，費夫賀經常給他一張空頭支票：「我很快明年就要把你選進來。」布洛克把十多年的時間都浪費在選法蘭西院士，現在回想起來，布洛克跟呂西安·費夫賀一樣偉大，可是在那個年代呂西安，費夫賀是如此的成功，而布洛克到死都沒有完成心願。

有些人對呂西安·費夫賀有不好的看法，但實際上他在史學上的貢獻卓著，幾部史學著作的影響非常大。如《十六世紀的無信仰問題：拉伯雷的宗教》，講不信仰的問題，他說十六世紀人的共有心態中並沒有「不信仰」這個詞，這是後來才有的。一個時代有沒有這個心態，有沒有此心態的工具，有沒有心靈的工具，這一類的看法在《十六世紀的無信仰問題》中是有代表性的。法國年鑑學派的喬治·杜比的《三個等級》，以及雅克·勒高夫（Jacques Le Goff, 1924–2014）的《煉獄的誕生》（*The Birth of Purgatory*），都是精彩的心態史著作。《煉獄的誕生》指出歐洲中古時代原來沒有「煉獄」的想法，直到但丁（Dante, 1265–1321）的《神曲》（*Divine Comedy*）出來之後，人們開始相信但丁所創造的「煉獄」的存在，心態遂產生重大變化。但是心態史也受到很多批評，主要是裏面沒有個人。

第三個是現在依然很有影響力的新文化史。新文化史影響思想史的層面很廣。其中有一個觀點認為語言是不透明的，使用語言來表達思想本身就有問題，是使用約定俗成的東西來表達。語言先於人而存在，因此人的存在是被語言所操控的，所以沒辦法將思想表達得很清楚。思想和文化是一個記號學的網絡，不是個人所能操弄。譬如墨子（約前 468 年–前 376 年）用的語言，是他那個時代的共有語言，他不能任意的使用語言表達思想，因為語言不是透明的。

讓我在這裏再重複一下：第一，語言是記號學的網絡，有其運作規則，思想是在規則裏使用，按這個規則去表達；第二，語言不是透明的，以前都相信語言是透明的，所以認為思想家在使用語言時，能自由運用語言來表達他的思想。可是二十世紀後半期「語言轉向」之後，發現語言不再是透明的，語言先於人的存在，先於思想家存在，因此思想家是受語言操弄，也就是說，思想家並沒有辦法用語言完全重建思想，實際情況跟意圖本身是有局限的。

我今天集中要談的是劍橋政治思想史學派和德國概念史學派。

1969 年昆廷 · 史金納寫了一篇文章叫做〈思想史中的意義和理解〉（"Meaning and Understanding in the History of Ideas"），發表在《歷史與理論》（*History of Theory*），這篇文章挑戰了很多當時思想史學派，包括阿瑟 · 拉夫喬伊和里奧 · 史特勞斯。當時史金納才二十多歲，但文章的火藥味極重。史金納教授曾經告訴我，因為這篇文章批評了許多大家，所以發表的過程並不順利。在文章中，他提出很多新的看法，探討要怎麼去了解意義，怎麼把握思想史的重點，成為他最關鍵的思想史方法論的文章。晚年他也修正了若干主張。

這篇火爆的宣言性的文章，如平地一聲雷，接著他到普林斯頓高等研究所訪問，寫了兩冊的《現代政治思想的基礎》，把 1969 年那篇有名的宣言性文章提出的方法落實在思想史的寫作裏。

史金納顯然受到三種影響，首先是柯靈烏（R. G. Collingwood, 1889–1943）的影響。我在大學生時代，受余英時先生（1930–2021）影響，把臺大能找到所有柯靈烏的書都生吞活剝的讀了一遍，余先生是第一個在華語世界介紹他的學者。當時臺北要買原文書非常困難，有一家西風書店，居然有柯靈烏的自傳，柯靈烏重要的方法論在這本自傳裏多有交代。他去世得早，如果不是他最忠誠的學生把他的講稿拿出來整理，那麼他最有名的《歷史的觀念》（*The Idea of History*）根本不可能出版。

在自傳裏，柯靈烏反覆提到要了解一個人真正的思想，必須把它放在「脈絡」裏。他二十歲在英國情報局，專門破解美國情報局沒有看出的情報，他每天經過一個非常醜陋的雕像，感覺奇怪，好的藝術家怎麼把雕像雕得這麼醜？他後來明白，要了解這個雕像，如果沒有將它的意義重建，沒有重現它的脈絡，要怎麼理解這件作品？歷史也是一樣，柯靈烏在自傳也講了，每一個概念都要放在歷史脈絡裏去講，它隨著時間不停的演變，歷史脈絡對它的意義發生著改變。雖然他在自傳裏所描述的往往只是吉光片羽，但涉及面很廣。

史金納非常強調奧斯汀（John Langshaw Austin, 1911–1960）的觀點，奧斯汀是當時英國的語言分析學派大師，著作非常之少，書也非常之薄。其中有一本書《如何以言行事》（*How to Do Things With Words*），現在有中譯本。《如何以言行事》區分語言有兩種：一種叫「記述話語」（locutianal language），即「描述性」的語言，用語言來辦事情；一個是「行動性」的語言（illocutional language）。語言可以同時具有描述性和行動性，譬如突然跟一位小孩喊說：「湖上有冰！」你不僅僅是在描述湖上有冰，你還是叫他趕快跑，這一句話既是描述也是行動。

奧斯汀獲得大名之後，各方面的批評、抨擊很多，後來他又將語言的區分修改為三種。第三種，是受到路德維希．維根斯坦的影響，認為語言本身也是種約定，這種用法定下的意思，是那個時代的約定俗成。以中國為例，「社會」一詞，在以前是廟會的意思，但到了 1902 年梁啟超（1873–1929）時，「社會」是「有法之群也」，是一種群體，它有一定的法。所以語言是約定成俗的，語言很難去自行規定，光是「社會」一詞就有很大的時代變化。我覺得史金納深受上述三種思想資源的影響，其中他最強調奧斯汀，最有哲學性。奧斯汀打仗時也在情報單位，他工作時勢必對語言作很多的區分。

史金納的老師彼得．拉斯萊特（Peter Laslett, 1915–2001），後來是劍橋人口學派的重要人物，早年編過一本洛克（John Locke, 1632–1704）的《政府論》（*Two Treatises of Government*），這本書深深影響了他的研究。拉斯萊特發現《政府論》的發表不是在光榮革命之後。很多人認為洛克《政府論》是為了證明光榮革命的合法性，可是拉斯萊特在做《洛克政府論》劍橋版本的編輯工作時發現，洛克在 1670 年左右就已經寫成了這書，可見這部作品是促使「光榮革命」成功的因素之一，而不是成功之後用來合理化「光榮革命」的。這個歷史脈絡的考訂，決定了這個文本的性質。

上述例子說明，政治思想有沒有放在歷史脈絡裏，理解是不一樣的。洛克《政府論》裏反覆批評羅伯特・菲爾默（Robert Filmer, 1588–1653），如果那本書是在光榮革命之後才寫成，就沒有任何意義，因為菲爾默是提倡父權主義的，革命都成了，罵菲爾默做甚麼？如果在 1670 年之前，革命還沒成功，人們還在攻擊菲爾默為斯圖亞特王朝服務的亞里士多德（Aristotle，前 384 年–前 322 年）學說，我想這書就有意義了。所以這本書是劍橋的政治思想學派想把思想放在歷史脈絡當中的非常有利的展示。

史金納的〈思想史中的意義和理解〉說，當時很多思想史流派都沒有把思想放在歷史脈絡裏，以為思想是超越時空的，每個時代都是一樣的。至於如何做到將政治思想脈絡化，我注意到史金納的弟子詹姆斯・塔利（James Tully）所寫過的一篇文章〈筆是一支雄健有力的劍〉（"The Pen is a Mighty Sword"），其中歸納了史金納思想史方法論的幾個步驟：第一，史金納認為要找出當時思想語言「約定俗成」的部分（convention），以馬基維利《君王論》為例，當時有很多《君王論》之類的小文本，一些名不見經傳的文本，要把《君王論》放在這個文本叢集中比較，找出大家「約定俗成」的部分是甚麼、人們大概講的是些甚麼，然後再看《君王論》有甚麼地方是超出 convention 之上的。譬如在《君王論》第十六章有一句話，「君王必須知道在何時不道德」，這跟當時社會的評論不一樣，當時所有著作都在勸說君王要有道德，史金納卻在《馬基維利》(*Machiavelli*) 這本小書裏講君王要知道在何時不道德。因為當時美第奇家族 (House of Medici) 有一個教皇，有一個當地的領導者，有機會可以統一北意大利，所以「君王必須知道在何時不道德」是在這樣的歷史脈絡中勸告君王，為了完成這件事情，必須知道在甚麼時候不道德。將《君王論》擺進歷史脈絡，有甚麼樣政治的「up to」。所以在這樣的歷史脈絡中，我們可以知道《君王論》第十六章的意義為何。

接著要看，這樣的思想跟當時比較廣大的政治權力格局的互動關係。史金納《現代政治思想的基礎》中有一章講到宗教革命，談到為甚麼馬丁・路德 (Martin Luther, 1483–1546) 逃到德意志的小諸侯地區並得到保護？他們不一定相信馬丁・路德的教義，但他們看到一個可以跟羅馬教皇抗衡的思想武器，所以願意窩藏馬丁・路德，使他得到保護，從而也幫忙擴散馬丁・路德的思想。這脈絡是要抵抗羅馬教皇。思想跟政治力量的互動，使得他可以得到保護和發展，同時他的思想也得以擴散，這是思想意識形態跟現實權力之間的關係。接著，要看這個思想所樹立的評價性標準。馬丁路德的思想本身有一個評價性，符合這個評價是好的，不符合這個評價是不好的，因此他可以逐漸改變當時政治的實況。

在臺灣過去幾十年中，我也目睹一些這方面的實例。譬如從某個時段環保意識在臺灣開始流行，最初響應的人很少，但接著風氣漸開，很多地方政客不管懂不懂環保政見，都要在政見裏列上好幾條環保政綱，使得環保這一新的觀念有了當下性，成為改變現實的政策。以後的人研究臺灣環保思想的歷史，也可以參借這樣子的步驟，找出它的脈絡，找出 language convention，看新的思想在哪裏，還要看它跟現實政策之間的關係，如何擴散，如何形成評價性框架；接著透過甚麼現實的建制使思想延續下來，包括出版公司、民間組織團如何宣揚這個思想，使這個思想能夠擴散、生根。

劍橋政治思想史學派有許多重要的方法主張，其中我認為很重要的一點是，要探討思想的歷史時，要了解這個思想要在當時造成些（up to）甚麼，才能真正了解它在當時歷史脈絡中的思想含義。譬如，在一個文獻裏提到，十四世紀有一個巴托魯斯（Bartolus, 1313–1357），他在解釋羅馬法時，曾經宣揚當法律跟事實相違背時，法律必須屈從於事實。在這個宣言之後，形成了羅馬法的註釋學派，如果沒有了解當時的脈絡，事實上是為了切斷羅馬法在其時現實的影響，就不能真正了解其含義。

劍橋政治思想史學派流行了幾十年之後，人們慢慢感到不耐煩了。史金納的學生塔利的批評，主要還是在舊有的範式當中。另外有一種批評指出，史金納太注重「實」的部分，忽略了「虛」的部分，認為他把脈絡看得太實了，政治思想中還有虛的部分，而且語言是不透明的。另外，即使不受後現代的影響，他也被認為過度被脈絡所控制，認為思想不能從虛空當中生發出來，一定要在政治脈絡裏找。

彼得·戈登（Peter Gordon）對史金納的批評有兩點。第一，思想怎麼是只為一個時代，一個脈絡，一些特定的聽眾講呢？思想可以為很多潛在的、廣大的，乃至未來無限世代的人講，不僅只在一個脈絡裏。他認為，史金納把一個特定時刻的脈絡看得太實了，而且認為意義多只限在這個脈絡裏，認為意義不能從虛空當中闡述，把特定脈絡中的時刻太過系統化、實體化。第二，史金納的政治思想方法論，無法處理太大規模的主體。他本來預言要寫到法國革命之後，但他沒法寫跨國的內容，跨國就要離開特定脈絡。舉個例子，陳寅恪（1890–1969）在《隋唐制度淵源略論稿》裏講到「府兵制」，是在「關隴集團」與他者的鬥爭當中建立起來的。這個就有一點像奧斯汀的理論，在一個特定的脈絡裏產生的。可是錢穆（1895–1990）強調這不只是特定的鬥爭之後的產物，而還有更廣泛的制度性考慮在內，就像戈登講的，不僅僅是脈絡的問題。按照史金納的講法，好像意義只有在最初的時刻才是真的，就像前面所舉馬基維利《君王論》第十六章的例子。戈登認為，史金納把馬基維利的《君王論》局限於唯一的時刻，但應當還有很多這類的時刻，後者的意義一樣是有價值的。他還說，應該想像還有那種未來尚未落實的潛在的可能的思路。

接下來我要談論德國概念史學派，萊因哈特．科塞雷克（Reinhart Koselleck, 1923–2006）是德國概念史學派及代表人物。1960 年代，他被邀請編輯八卷本的《歷史的基本概念：德國政治和社會語言歷史辭典》（*Basic Concepts in History: A Historical Dictionary of Political and Social Language in Germany*）。二次大戰之後的德國非常艱難，科塞雷克的理論也尚在摸索階段，居於西方學術界的邊緣。在這期間他提出了著名的「鞍型期」（saddle period）的概念，他認為這是決定西方近代政治思想最關鍵的時期，產生了各種政治思想。他受卡爾．施密特（Carl Schmitt,

1888–1985）影響很大，施密特是納粹分子，二戰以後，由於煽動性太強，施密特不被允許上課，但很多學生偷偷聽講，科塞雷克就是其中之一。在歐洲愈來愈多人關注科塞雷克概念史，科塞雷克比史金納更為複雜、晦澀難懂，不如史金納有清楚的方法論。科塞雷克的著作凡是被翻成英文的，我幾乎都讀過了，但是被翻譯成英文的只有幾本，所以我的了解可能也只是一部分。

前面提到，科塞雷克認為1750至1850年是歐洲思想的鞍型期，有很多新的政治思想與新的左右生活的概念都在這個時候形成，這是一個關鍵時期。科塞雷克編的八大卷大辭典，其中有一部分是關注歐洲思想的鞍型期。鞍型期概念有幾個特色：第一，歷史化，很多概念在概念本身預示某種時間發展的歷程；第二，民主化，鞍型期的概念不再限於貴族精英，通常一般老百姓也有；第三，政治化，產生各種主義；第四，是意識形態化。

科塞雷克在處理概念時，把「時間」考慮得很重要，他說歷史不只發生在時間裏（in time），而是透過時間發生（through time）。通俗的講，在科塞雷克定義的概念之中，概念是一種庫存，是過去、現在、未來具有時間層次的庫存，一個概念同時也是自古以來不同時代對其定義的庫存，而這些都會作用於同一個時候。譬如：民主的概念，有從羅馬時代來的層次，有十七、八世紀來的層次，也有二十世紀二次大戰之後的層次，所有這些都聚合在一個概念裏，而且使用概念時，所有層次都來到同一個點上，成為人們手中可以選用的資源。

在概念中有好幾個時間層次，好像內裏有了一個離合器，可以加速、剎車或倒退。譬如他說，鞍型期過程中產生的概念裏有過去、現在、未來，不但描述一個東西，而且還期望一個東西。所以鞍型期所產生的概念不只是一個概念，不只是描述一個現象，它還有一個期望。鞍型期概念本身好像有一個離合器，概念裏面的未來性跟過去的距離和關係本身就有重要的意義。

如果概念的未來性非常強，它會產生不一樣的影響。他認為法國大革命時期的烏托邦思想，使得很多概念帶有很強的未來性，概念本身跟以前不一樣，受到很多層時間的影響。如果一個概念裏未來部分和過去部分之間的距離非常長，那麼這概念本身便有很強的衝撞性；如果沒有，像中國古代承平時期般過去、現在、未來是非常穩定的，這個概念就不帶有那麼強的期待性和未來的衝撞性等。科塞雷克把時間看得很重，概念的翅膀就是時間。如果未來跟過程在這個概念裏壓縮得很近的話，科塞雷克舉了個例子，納粹就是現在、未來之間的關係非常近。

即使是西方很早就產生的重要概念，經過 1750 到 1850 年這個鞍型期之後，就已經發生很大的變化，可是從字面看不出來。在討論概念時，必須把時間層考慮進去。科塞雷克深受卡爾・施密特的影響，認為概念本身一直處在競爭或鬥爭的狀態，本身不是一個平靜的東西，概念是在鬥爭的過程中產生意義。科塞雷克在德國思想界的地位很高，注意他的較多是歐洲學者。人們從他的著作裏看出時間的層次（layers of time），時間如何透過不同的關係使一個概念作用完整等等，從這裏看到縱深。

可是，也有人批評他，對於他的批評主要來自兩個方面。第一是來自劍橋政治思想史學派的波考克（J. G. A. Pocock, 1924–2023）。波考克善於用一群概念、一群詞彙、一群政治觀念來討論思想的歷史，尤其討論商業時代之後的變化等。人們認為他能捕捉到的歷史比史金納更多，史金納是以政治思想史納入脈絡中聞名的，可是人們發現史金納抓到的都是一些關鍵點，但歷史是一個大體。

波考克對科塞雷克的批評主要是：他不同意鞍型期。他認為在英國，這個鞍型期應該是 1500 至 1800 年，而科塞雷克確立鞍型期是以法國為標準。但我想科塞雷克肯定會這麼回答：「可是這段時間法國大革命最有影響。」其次，波考克還針對科塞雷克概念史學說有另一方面的見解。科塞雷克有一個重要的觀點，認為概念像是一個發電機，圍繞它會形成語義學的網絡，在一個時代裏面產生重大影響。波考克認同這一觀點，但是認為科塞雷克的想像還是過於固定和孤立。波考克認為，所有的概念都是隨著歷史的前進，不停的重新塑造著結構和意義，而不是《歷史的基本概念》中所說的，可以截然劃分確定的時間層次。

第二，科塞雷克還有一個更大的批評者漢斯・布魯門伯格（Hans Blumenberg, 1920–1996），他主要研究隱喻學。我原以為他主要研究啟蒙時代和神話，國內一些學者也注意到他的著作。我也看了一些，把他當成是神話學家，可此後他寫了很多思想著作。

就在概念史大辭典要編的時候，布魯門伯格正要寫《隱喻學的範式》（*Paradigmen zu einer Metaphorologie*），這本書相當難讀。為甚麼説他對科塞雷克有所批評呢？因為他在後期寫了一篇文章〈非概念的理論〉（“Theory of Non-conceptuality”），直接是針對概念史的觀點。他認為概念史學派還是過於受到笛卡爾的影響，好像只有經抽象過的概念才是人的思想世界唯一的表達方式。在他看來，另有一種隱喻的世界，如「真理是光」、「世界是一本打開的書」、「人生是一片黑暗而寂靜的森林」、「大自然之書」，或如散文家蒙田（Michel de Montaigne, 1533–1592）講的「世界的面孔」，這些隱喻事實上比概念講得更多。

世界上有一些拒絕被抽象的東西，並不通過概念，而是通過它們自身得以顯現。布魯門伯格認為二十世紀思想受到語言學的影響太大，而忽略了隱喻一類的表現，這是一種重大的缺失。他認為，有一部分的東西是不可說的，是概念無法窮盡的，如圖像、如風景、如一些無法把握的模糊化的東西。他認為在認知確定化形成的過程中，已經失去了「詩」的事情。世界上有一些事情不是通過概念來顯示，而是東西本身自我的呈現（manifest）。他提出「非概念化的思想」的存在，而認為概念史學派缺失了這一面的探究。我認為，這種批評有其深刻道理，卻不能認為它可以取代概念史的方法，而是應該擴大思想史的世界，凸顯歷史的不同面向。

最後我想回到中國。藉著清代中後期方東樹（1772–1851）《漢學商兌》的例子，來映照上述兩種思想史流派的爭論。〈方東樹與漢學的衰退〉是我在《中國近代思想與學術的系譜》一書中的第一篇，有很多人覺得《漢學商兌》一書胡說八道，是無根之談。可是這本書在清代中後期影響非常大，代表宋學派對考證學的重要批評。[1]

1　王汎森，〈方東樹與漢學的衰退〉，載氏著，《中國近代思想與學術的系譜》（臺北：聯經出版，2003），頁 3–22。

方東樹說：為甚麼討論思想方面的概念時，要像戴震（1724–1777）等人認為的，唯有通過訓詁、考證的辦法才能獲得？方東樹認為，除了考證之外，不是還有用義理的方法嗎？古書裏很多思想，清儒的考證不一定比宋儒以通過思想、義理的方式的把握來得深刻。譬如《尚書·堯典》裏「欽明文思安安」這個概念，從義理的角度把握就更準確。

我必須先強調，清代考證學重建了古代的道德思想，與之前有很大的不同。如阮元（1764–1849）對「仁」的考證與宋明理學完全不同。他認為古代的「仁」帶有社群性質，不是個人的內心狀態。考證學是從社群入手，探索道德在社群中的狀態，不像宋明理學，主要是關注個人的內心狀態。上述兩種方法；一方面是阮元、戴震等人認為的，一定要通過名物制度的「實」的研究才能重建古代道德的思想；一方面是方東樹主張的，應該要從「虛」的地方去把握、去了解，通過個人內心的義理世界去把握古代的道德思想。科塞雷克和史金納傾向探索概念、語言和歷史脈絡之間的確定關聯，而布魯門伯格和戈登則認為，除了語言、脈絡之外，還要從廣泛的、甚至有點「虛」的地方去把握，有一點像清代方東樹所說的，在考證的同時，也要加上人的內心對義理的掌握，這兩個加起來才可以把握思想的真境。

清代思想界兩派的對峙與上述西方的思想爭論多少有些可以互相照映之處，值得我們進一步深思。我個人相信「史無定法」，思想史研究也是如此。上述思想史流派所發展出來的，從「觀念史」以降一直到布魯門伯格，其實都有它們的適用之處，端看思想史學者所要處理的問題內容、特質與範圍來決定運用甚麼方法論。是問題決定了甚麼是用得上的方法，而不是反過來。問題與方法，應該是兩個不斷互動的圈，應該像兩塊糖果很自然地在口中融化在一起。

思想史研究經驗談*

謝謝許紀霖教授，非常榮幸能有機會在這裏報告。在座有很多位學術界的先進和朋友，謝謝你們前來。我不常出門參加學術研討會，需要鼓起很大的勇氣，因為我對旅行總是不大適應。我本來有兩個題目，後來跟許教授商量後決定講這個。我想像的聽眾是學生，所以跟大家報告一下我的個人經驗，我也不一定完全能做到。我有個習慣，就是隨手寫，然後把紙張放到卷宗裏，所以今天講之前整理一下，發現我這些廢紙也有這麼厚厚一疊，但裏面有些只寫一行字，有的寫兩行字。我並沒有專門寫過這方面的文章，所以我講的是比較寬鬆意義上的方法，基本上是我的一些實踐心得，因時間所限，此次只能談幾點，將來有機會，我準備寫一本小冊子，比較深入地討論這個問題。

---

* 本文係由鄧軍所做的紀錄稿修改而成。（編按：2013 年 6 月 21 日至 24 日，華東師範大學—不列顛哥倫比亞大學現代中國與世界聯合研究中心於上海主辦了為期四天的「第二屆中國思想史高級研修班」，參與者為來自全球二十餘所大學的青年研究人員和博士生。研修班邀請了美國加州大學伯克萊分校的葉文心教授、臺灣中研院的王汎森教授、加拿大不列顛哥倫比亞大學的齊慕實教授〔Timothy Cheek〕和華東師範大學的許紀霖教授擔任導師，他們四位分別為學員作了主題講座。本文原為王汎森教授的講座講稿。）

一、精讀文獻

第一件要講的就是精讀文獻，這是老生常談。意大利史家金茨堡上課時，要學生每一件檔案讀兩個禮拜。湯用彤（1893–1964）在寫《漢魏兩晉南北朝佛教史》的時候，有過一個說法：每一個字，都不能放棄。當然有它先天的原因，因為早期佛教史文獻不多，所以每一個字都不能放棄。熊十力（1885–1968）在《十力語要》裏講：在一個思想文獻裏，凡一個詞出現兩次，就要特別注意。為甚麼？因為古人文書較簡，能寫萬言書就不得了，不像今天論文動輒就要三、五萬字。很多思想史的文獻都不長，因此某一詞彙出現兩次，便應特別注意。

在閱讀思想文本時，我認為應該非常注意議論跟現實之間有沒有相應的關係。有時候有，有時候不一定有。時潮的波動有緊緩之別。有時候，在一百年裏，很少有文章跟現實有關。有時候時局異常敏感，一封信就可以起很大作用。譬如梁啟超對社會主義的疑慮曾透過刊在報上的書信表現出來，這麼一封信也馬上引起知識界的注意。有時候正經八百寫了幾百篇文章，卻都不產生作用。譬如我個人覺得有時候唐朝的思想文本很難跟那個時代聯繫起來，如元結（723–772）的〈浪翁觀化〉，我在大學生時代的時候，認為它跟唐代思想有很大的關係，可是到現在還是沒有辦法非常深入把握它們與時代的連結。在歷史上有時候一兩個月、一兩年、三五年，思想就產生了重大的變化。像五四的時期，三四個月或一兩個月思想的氣氛就變掉了。原來不是主旋律，很快就變主旋律了。這些也是我個人認為值得注意的地方。

此外，一份思想文獻中的時間層次及思想層次也應注意。前年，我幫新版《仁學》做了導論。為此我又很仔細地把《仁學》讀了一回，發現裏面有好多層次，以前都沒有好好注意到。這裏面有時間的層次，也有意義的層次。康有為（1858–1927）的《大同書》，亦復如是，前後成書那麼長時間，裏面疊壓的時間、意義的層次是很多的。

二、語彙與語境

這是老生常談，就是一定要把文章放在整個時代的脈絡來看，要能深入了解其時代詞彙、語言、思想的複雜狀態。譬如黃宗羲說「工商皆本也」，很多人把它說成是黃宗羲特別重視工商的思想，但在 1980 年代，葉世昌（1929–2022）在〈關於黃宗羲的工商皆本論〉中表示，這句話放在黃宗羲的著作脈絡中看就不是那麼一回事。[1] 在《明夷待訪錄》裏面，黃宗羲說工商和農都是本，是都「不能輕視」的意思，並沒有特別突出重視工商的意思。只是指它跟種田一樣，是百業中的一種。事實上，黃氏的意思是工商和農一樣雖然都是「本」，但實際上還是不如農。

我常常在看我學生的論文的時候，發覺最大的問題就是對一些思想語彙在那個時代的全幅環境中的位置與意義的認知不清楚，只就該文本看那位思想家的思想。譬如，清代後期陽湖

1　葉世昌，〈關於黃宗羲的工商皆本論〉，《復旦學報》4（1983），頁 108–110。

古文的代表惲敬（1757–1817），很多人誇獎他的《三代因革論》。《三代因革論》就有好幾個層次，它有受理學影響的部分，也在回應當時考證學對三代的研究成果的部分。但更多的是，他跟時代的困境作很密切的對話與回應。這要熟悉整個時代，才能了解他對話、溝通和反駁的對象。

我寫過一篇〈明末清初的一種道德嚴格主義〉，裏面提到很多人強調「欲當即理也」是在鼓舞物質欲望，但是放回原文脈絡，大部分都不是這個意思。像顏元（1635–1704），很多地方強調「欲當即理也」，但實際上他是個非常嚴格的禁欲主義者。所以如果只突出一兩句話，而忽略了它們在全文或全部著作中的脈絡，就會出現前述的問題。我們往往太熟悉現在的想法，常把古人打扮得太像現代人，而忽略它們在那個時代中的意義。

回到熊十力講的，如果在一篇文章中「欲當即理也」出現超過兩次，就表明作者一定是很想仔細地談這個問題，不然不會如此處理。即使到今天，這個解讀法對我們仍然有意義。

另外，我們在讀一篇思想文獻的時候，要重視它那個時代的人或離它不久的人，對它的評估，這常常有超出我們想法的看法。譬如我讀《孟子》或其他先秦古籍時，有時會覺得裏面有一些推理方式和現代不太一樣。但我們會慢慢發現，這些不可解之處常常隱藏了重要的資訊。現代人太習慣於自己的推理方式，而忽視古代思想文獻內部會有一些對我們而言不盡合理的東西，而這些地方恰恰反映那個時代潛在的、廣大的思想習慣，裏面往往也隱藏很大的意義。

這裏還要舉一個例子。陳寅恪曾討論說為甚麼范純仁

(1027–1101) 跟歐陽修 (1007–1072) 對宋代的「濮議」持論非常激烈，一定堅持要皇帝尊自己的本生父母，他認為這跟五代以來的「養子」傳統有關。五代很多藩鎮靠養「義子」來繼承藩鎮地位，造成很多禍患。義者「外」也，不從己身所出者也。所以「義」有「假」的意思，義子就是假子。陳寅恪認為范純仁、歐陽修、司馬光 (1019–1086) 在「濮議」中的言論有一層意思，是對五代以來不好風氣的回應。也就是說不僅就「濮議」這件史事來看，也不僅針對宋代的情況，它同時也是就幾百年的風氣來看。在這裏，也可以看出整個時代思想與現實像是一盤圍棋，每一顆棋子都在對應、牽動著其他部分的棋局。

還有，「井田」是中國歷史上反覆提出的思想議論。以前人們每每認為某個時代突然提出井田的理想時，多是針對當時土地兼併的情形而發。但事實上，井田並不是均田，提出井田也有可能還有另一面意義，就是反對均田。雍正時就曾出現要不要井田的討論，清朝都穩定這麼久了，居然還有人提出復井田，當然不可能成功。井田一面反對土地兼併，還有另一面是反對均田。所以它每次被提出，對話對象很不一樣，也就是說它在整個棋局中所對應的、所牽動的部分都不盡相同。

三、年代的集中處和議論的集中處

通常思想文獻不像其他文獻分量很多，它的稀少性使得我個人在縱觀林林總總的文獻後，將注意力放在年代的集中處和議論的集中處。以年代的集中處而言，在這裏要舉一個例子，譬如錢仲聯先生（1908–2003）編的《清詩紀事》，[2] 我以前上課常拿來給學生用，其中清代後期有幾篇文章，思想方向不同，但年代相對比較集中，我常鼓勵學生對這種年代比較集中的文獻理解為一個時代中對時代困境的四、五種不同的回應。它們有宋學的，有文學的，有子學的，有考證學的。這些文章年代相對集中，有針對性，我個人就直覺要好好注意這四、五種思想路數。事實上，清代中期以後，這四、五種思想路數確實也逐漸成為思想界的主調。

四、空白處可不可以作為證據？

去年年底我花了一些時間把當時新出的《鄧之誠文史劄記》看了一遍。鄧之誠先生（1887–1960）學問非常好，我注意到他的文史劄記中，很多地方對陳寅恪先生表示不滿。他非常注意陳先生的一舉一動，但對他也很不滿意，似乎還有一點嫉妒的意思。陳寅恪許多詩中隱微的政治意涵也注意到了，他在日記中便幾次提到：陳寅恪的「謗詩」。從這裏看，後來余英時先生分析的方向是正確的。

但我還有個其他的感想。鄧先生學問那麼大，可是受他所關心的問題頗有限制，他對明遺民的興趣太大，所以明遺民世界中非常小的事情他都要講，包括寧古塔哪個籬笆下種的蘑菇

2　錢仲聯主編，《清詩紀事》（南京：江蘇人民出版社，1987–1989）。

煮的湯最好喝。他讀了六、七百種十七世紀的文集，我認為沒有人比他讀得更多，可是很多我們現在感興趣的問題，他不感興趣。他的興趣固定在某些範圍內，所以其他一些很有學術意義的問題就不在他的關心之中了。

另外我要說的是，鄧之誠對陳寅恪的批評，除了個人的不滿意或細節的指摘外，還有一個重點，我把它解釋成是我們做思想史的時候常碰到的問題：就是在空白的地方，把想像發揮到甚麼程度還算合理，哪些是不合格。

我的理解是鄧之誠認為陳寅恪在證據空白處想像太多。我們知道，陳寅恪最精彩的每每就在這些地方。我們認為不成問題的地方，鄧先生認為是問題。陳寅恪〈論韓愈〉說韓愈（768–824）從小從其兄在韶州生活，當地禪宗風氣非常盛，故他「必習傳黃梅法傳之爭，故作原道以爭道統」，也就是說陳寅恪認為韓愈從小無形中感受到禪宗爭「統」的風氣，故他建立儒家「道統」的觀點即是受禪宗傳燈錄的影響。[3] 在我看來，陳先生的推論非常合情合理，但鄧先生認為是「想入非非」。[4]

他的批評使我想到，我們處理思想史，把想像力發揮到甚麼程度才不是胡思亂想。想像到甚麼程度，仍是有創造性的想像。我的初步想法是這樣的，我們要注意哪裏是有建設性的想像，哪裏沒有，直覺有時候是沒有建設性的。思想史很多時

3 陳寅恪，《金明館叢稿初編》（北京：生活・讀書・新知三聯書店，2001），頁336–349。

4 鄧之誠還批評陳寅恪所說的，唐玄宗因姓李故升老子李耳為「上聖」。鄧說《漢書・古今人表》裏已經把老子尊為「上聖」了。參見鄧之誠著，鄧瑞整理，《鄧之誠文史札記》（江蘇：鳳凰出版社，2012），頁804。

候是一座又一座的山峰，看起來並不相連，但是它們的底座是連在一起的。山峰不連在一起，並不表示山谷不連在一起，我們應確定山谷是連在一起，或到某一處它們已經屬於不同的山脈，這是我們在處理思想史的時候最費思量的地方。我要是陳寅恪先生，對鄧先生的回應是：因為它們同在一個山脈裏面，所以這個空白處是有意義的空白，這個連結是行得通的。

五、銅山崩而洛鐘應

根據我的實踐，思想中很多的關係，用我們今天線性的觀念是很難處理的，它有時候像銅山崩而洛鐘應。洛鐘和銅山沒有直接的關係，但是它們之間會產生呼應。我最先注意到這個問題是大學時代讀牟宗三先生（1909–1995）的《才性與玄理》，當然牟先生的書一貫晦澀難讀，但裏面有很多有意思的東西。牟先生是哲學家，不是思想史家，不過他長期處理中古哲學史的問題，他的《才性與玄理》、《佛性與般若》等都是。他看出印度佛學進來牽動中國玄學的變化，但它們不一定是直接產生關聯，而是銅山崩而洛鐘應式的關係。佛理進來，引起玄學震盪，它「應」的方式不一定是一對一，但有「應」的關係。我們研究思想時，大多只想在形跡上尋索，但實際上它也可能是銅山崩而洛鐘應式的關聯。

還有是「雜糅附會」。我們生活的時代太「實」了，而忽略古人很多是有實有虛、雜糅附會，往往虛的影響更大，這些東西總是包在一起，疊加在一起。我們思想習慣太實，往往對雜糅附會、銅山崩而洛鐘應這些不是很實的部分，失去興趣和警覺力。

一個時代的思想像一盤圍棋，有很多棋子。一時看來似乎沒有關係，事實上都是互相對應著的，而且不一定是一個子對一個子，而是多重複雜的關係。思想的動態可能是兩個離得很遠的棋之間，產生一種關係。要怎麼掌握，我的經驗是要熟讀一個時代的幾十種文集或相關的書，掌握那個時代的氛圍，大概知道那些棋子擺在哪裏，它們之間大概有甚麼或虛或實關係，才能比較深入地了解。一般思想史著作比較精彩的部分，往往也是以一個棋盤在考慮問題。

治中古史者可能可以通讀全部史料，明清史就幾乎不可能。史語所的老前輩嚴耕望先生（1916–1996），我進所的時候他還在所裏，他對中古史只有四個字「竭澤而漁」，全部要讀一遍。這在明清是不可能的，近代史更不可能。我進所時，每天都看他在弄一些紙片，抗戰時期的舊白報紙抄寫的紙片，每天都在排。我非常好奇，不過問他任何問題，他總是答得非常少。

我進所的時候，正好這些先生都在所裏。中研院到臺灣的時候只有史語所和數學所圖書館去，其他都留在大陸，而且史語所只有一半的人去，因為一個特殊的因由，很多去的人是終生不用退休的。所以石璋如先生（1902–2004）在我進所之後還沒有退休，他過世的時候一百零五歲，到那一天也還沒有退休。即使到了一百歲，成了全世界最老的公務員，他的學術野心還是大的不得了，每天都在想下一個研究主題。有一時期他在研究商朝的建築，每天早上跟太太散步，看到工地，就要去旁邊看看，看看能不能幫他了解商朝建築。石先生病逝時我是史語所所長。當時他的心臟已經停了，眼睛卻還沒有全閉起來，他的助手馬上跑過去附在他耳邊說：石先生，你那幾本還沒完成的書，所長已經叫某某、某某人接手了，這時他眼睛閉了起來。我不在場，這是聽別人講的。我覺得石先生這個結局非常有意義，展示了一個學者強韌不懈的學術追求。那時候要做民族調查，傅斯年先生都會說多照像，但不要亂照像，底片非常貴。石璋如先生很有意思，史語所到四川的時候，他拍了很多當地人的農具，一九三幾年在四川鄉下那些農民的農具，有很多是非常古的，現在大多消失了；還照了那邊的乞丐。他兒子花了幾年時間整理出來，叫《龍頭一年》。[5] 有一次，我們帶了一本到龍頭，當地人看了非常驚奇：你們居然有張乞丐的照片，他已經死了好多年。他是當地有名的一個乞丐，他的穿著、打扮都被記錄下來了，這些都很有意思。又如他不只寫商代的考古報告，他還寫在安陽殷墟發掘的一百個工人的傳。可惜這本書到現在還沒有整理出版。[6] 很多人認為石先生不是最聰明的人。我最近看《夏鼐日記》，夏鼐先生（1910–1985）提到石先生時也有這個暗示，但我必須說他是最有成就的人之一。

這讓我想起史語所另一位考古學家高去尋先生（1910–1991），高先生非常聰明，但也有人認為他懶惰，可是他有件事我非常佩服。他編《侯家莊》的那八冊巨書時，全部寫梁思永遺著，高去尋「輯補」。梁思永先生（1904–1954）從事發掘時

5　石璋如調查，石磊編，《龍頭一年：抗戰時期昆明北郊的農村》（臺北：中研院史語所，2007）。

6　編按：此書已出版，見石璋如著，李永迪、馮忠美、丁瑞茂編校，《殷虛發掘員工傳》（臺北：中研院史語所，2017）。

即時寫下來的每每只有薄薄一疊記錄，史語所的倉庫裏還有。梁先生老早就去世了，高先生最後怎麼處理，梁先生也不知道，但他最後花了幾十年做成八部書，封面上署的還是「高去尋輯補」。

回到嚴耕望先生，他每天反覆編排紙片。不過，每個人都有自己的限制。嚴耕望先生寫《唐代交通圖考》的時候，有兩個限制。第一個是當時兩岸不通，他沒辦法親自看實景，他只能依史料一張一張連綴起來，而沒有機會跟現實核對。那時，他如果能來走一趟，跟古書相驗證，恐怕更好。第二個限制是沒有文化史的關心。交通跟文化、物質的關係最為密切。當然，這不是他要處理的，但總覺有些可惜。這是部巨著，花了幾十年工夫，無數張卡片，細膩比綴而成。

六、競爭與趨同

我們大多讀過孔恩的《科學革命的結構》，典範（paradigm）確實是個非常有價值的概念，不過我從思想史研究中也發現另一個模式。思想世界林林總總的現象不總是一個簡單的、在典範下面作 problem solving 的情形，有許多時候是在一個鬆散的價值層級下調動各種思想資源，這個價值層級有它最高層、最優位的思想，也有屬於下位、邊緣的思想，它微妙地在調動、驅策思想資源的升降與聚散。隨著時代的變動，這個價值層級會變。在一個個價值層級下，存在很多發揮、競爭。價值層級隨時代而變，譬如五四以來科學和民主居於主流，人們覺得這個思想好，那麼以科學與民主為最高層級的思想框架便到處調動思想界的變化，各種資源向它趨近或軼離，連帶很多舊的東西也跟著變。如果全部用孔恩的典範來説，我的感覺是説起來比較實，但所有的東西都被一個東西框住，每個人都在解決其中特定的問題。這種現象確實很多，特別是清代考證學盛行的時候。像《周官祿田考》，就在周官的題目典範下解決問題。宋代歐陽修説《周禮》裏面官多田少，就是把全國税收發給官員也是不夠的，可是清代沈彤（1688–1752）的《周官祿田考》就把這個問題深入考究，並令人比較信服地解決了周官俸祿來源的問題，這就是在典範下解決其中個別問題的例子。

可是，思想界有很多時候不能用典範解釋，而要用一個鬆散的架構和思想的層級來把握，這個架構與層級使得某些是上位的，某些是下位的。譬如五四以後很長一段時間科學的、或胡適（1891–1962）所代表的東西是上位的，而保守派思想家的東西可能就是比較下位的。我覺得每個人生命都有自己的方案，沒有一個人要過別人的生活，即使在一個集權時代，也還是維持一個儘可能屬於我的生活方式。我這個生活方案可能把這個集權的要求包括進去，但裏面還是我自己的生活。每個人自己都有一個方案，他一定是用自己的辦法、在當時的價值框架下為自己找到一個有優勢的位置：我要比你偉大，我要比你想的更好。然後，在這裏面形成自己的思想。所以並不只是簡單的模仿和服從，而是在價值的層級下，人們像魚一樣向層級的優位處游，從而形成一個時代的思潮。

競爭會使得人們處心積慮地想要突出自己，這當然會帶來一些差異化的發展，但是更值得注意的是，因為人們都認為自己要往當時人們認為好的部分去突出自己，所以到後來整體地看，往往是使得思想界變得更加一致。思想史上也常常出現競爭使得大家愈來愈像，而形成一個大思潮的現象。高去尋先生還活著的時候，我曾經請教他傅斯年先生對錢穆的看法，各位知道傅、錢之間的關係並不好。高去尋先生只跟我描述一句話，說傅斯年跟他講：錢穆反考據，最後怎麼都跟我們一樣做考據。照我的解釋，就是競爭使得他們愈來愈趨同。錢穆當然不以考據為最終目的，他還有更上的義理要講，可是在那個崇尚考據的時代，他為了要與考證派競爭，最後看起來竟讓人覺得他與他的反對者極為相似。梁啟超也是一個例子，胡適日記中有幾段批評梁啟超，他寫道：梁啟超原來是反對考據學的，怎麼後來竟跟我們一樣做起考據學了？這是因為在當時流行的價值層級下，考據是主流，是優位。他們都競爭墨子考據，雖然結論不一樣，但考據墨子已蔚然成風了。

競爭在思潮的形成中很重要，模仿當然也很重要。明朝後七子的復古運動，模仿到最後，居然有時跟漢朝的文章就只差一兩個字而已。最好的文章漢朝人已經寫了，現在再怎麼努力也只能換一兩個字。由此可見模仿的力量了。

七、來回往復

我們在處理歷史和思想問題的時候，對於因果關係的問題，往往只注意某方對某方的影響，忽略了「來回往復」的現象。事實上，這些因果關係常常像風吹來吹去，並不完全是單向的東西。譬如，英國的蓋爾納（Ernest Gellner, 1925–1995）寫了一本《民族和民族主義》（*Nations and Nationalism*），他認為國家在民族之前，有國家之後才有民族。[7] 在此之前人們則大多說先有民族再形成國家。在我看來，「民族」與「國家」，或「國家」與「民族」之間是「來回往復」的關係。事實上，它們是不間斷地交互影響，像漩渦一樣，一直在轉，一直在交互影響。

五四運動百年時，有人讓我寫一篇關於五四跟臺灣民主發展的文章。我覺得它們是漩渦般不斷地在來回往復的關係，五四的東西影響臺灣的民主發展，臺灣民主政治的發展又回去影響我們對五四的發掘和詮釋，使得風潮愈推愈高。臺灣早期對五四有一點了解，但不是很深。可是從胡適、傅斯年、殷海光（1919–1969）這些人開始，人們更了解五四，人們把圖書館裏原先沒人看的雜誌翻出來，這個思想氛圍點燃臺灣早期民主的火炬，接著民主運動又回頭深化我們對五四的了解，兩者之間就像蘇東坡（1037–1101）說的「不能以一瞬」的往復來回的關係。

我們多注重「前面的事情影響後面的發展」，總忽略了「後面的發展影響前面的事情」，這種情況不可勝數。中研院有一個所，後來的人給前面的老同事造成極大的壓力。為甚麼？因為後來者把學術標準墊高了，弄得前輩們幾乎不能生存。先是前面的人影響後面的人，後是後面的人影響前面的人，後面的人堅持文章要在 SSCI、國際刊物上發表。所以影響不一定是 A 到

7　Ernest Gellner, *Nations and Nationalism* (Oxford: Blackwell, 1983).

B，有時 B 又回去影響 A……

談到「影響」，我曾經很仔細地想過「影響」這件事，它不是那麼簡單的事情。思想史裏談很多影響，但是大多從施行者角度在談，我們一直都只注意到影響是被動的這一面，而忽略了每一次被影響都是一次再創造。我接受你的影響是我的一個創新，或是自我的擴充。影響我的人不知多少，在他們的視野裏並沒有我的存在，而我的被影響事實上對我而言是一個又一個的創新。同樣的，思想的每一次擴散，每每都是一次又一次的再詮釋或創新——接收者的再詮釋或創新。

八、不變與變

前面提到思想界有時候很平，如唐代很多聰明的人都是去做高僧、做文人，儒家的思想就相當平，較難看到跌宕起伏。可是到了晚明清初或晚清民國，跌宕起伏就非常厲害。根據我的經驗，每經一次大變動，不僅變的那部分變了，表面上看起來沒有變的那部分也可能變了。不僅變的部分值得研究，沒有變的部分也值得研究。這方面可能性很多。譬如它既然能安然留下來，恐怕不是一件簡單的事情。為甚麼有的留下來，有的就沒留下來，此其一；它的內在可能悄悄變化了，此其二。就像一個瓶子，可能拿起來放下，開水已經變汽水。或者它仍然是開水，但是當開水仍然是開水時，卻能在新環境中安然留下來，有可能是它在整個棋盤上有了一個合適的位置，故不用變即可以留下來。或者它在時代變化的過程中，為自己的存在樣態找到一個新的說理方式等，不一而足。這裏只是舉兩種情形，事實上情形是很多元、很複雜的，值得深入探討。像我們覺得熊十力很保守，但是他說上海很多人認為他是維新派、趨新派；我們覺得王國維（1877–1927）夠保守，可王國維的幾個朋友，像孫德謙（1873–1935）就覺得他太求新了。

九、動盪前已存之事

經過我觀察發現，其實很多在激烈動盪之後蔚為風潮的東西，在很早以前已經有了，只是沒人注意。經過一番大的動盪，人們才回去看前面的東西。我舉一個例子，在我讀高中的時候，余英時先生的名字突然出現在臺灣的媒體，他的〈反智論與中國政治傳統〉在臺灣報紙連載了很久。[8] 當時，大家非常震動。後來人們才發現圖書館老早就有很多他的著作，以前沒甚麼人注意，這時大家開始回去看他其他的著作，包括我在內都是這樣。有一年臺大研究生圖書館做了一個比較負面教育性的展示，就是期刊裏有很多文章被人用刀子整篇割去了，因為那時影印不便宜。一查，都是余英時的文章。不知道是誰，經過那一次震盪之後，回去搜羅余先生的文章，太喜歡了，所以一刀割之。余先生很多早期在香港出的書，也在臺灣紛紛被重印出來。有一次吃飯，人家問余先生，早期有一本《近代文明的

8 余英時，〈反智論與中國政治傳統〉，載氏著，《歷史與思想》（臺北：聯經出版，1976），頁 1–47。

新趨勢》，[9] 這位「艾群」是不是您？余先生想了一下：大概是吧。事實上，「艾群」那本《近代文明的新趨勢》老早就隨仙人掌叢書進入臺灣各書店了。可是，沒有經過那次動盪，這些東西不會被震出來，不會被認真注意。這裏有很多複雜的曲折，不是平鋪直敘的發展。我們受近代線性歷史觀影響太大，把事情都看作線性平滑的發展。

作為一名歷史學者，我很細心地觀察時代風氣、細心體味一些不為人們注意的世相。譬如臺灣流行過一波腳底按摩，是一位瑞士籍吳神父發明的。我小時候從沒見過腳底按摩，現在臺灣遍地腳底按摩。那時候臺灣突然出版了很多中國古代醫書，尤其是裏面有關於腳底按摩的東西，而吳神父也承認自己其實是從中國的醫書發展出來的。但是要經過這一次震盪，那些書才從圖書館的角落被「震」出來。

十、思想的物質條件

圖書館書很多，看的人很少。有一年，我讀的大學的圖書館要把過去一百年沒有被借過兩次以上的書，送到分館，結果送掉很多書。圖書館那麼多書，並不表示每本書都有人看，所以它們發生現實的影響也就不一致。很多書在圖書館躺了幾百年沒人看。

---

9 艾群，《近代文明的新趨勢》（香港：自由出版社，1953）；余英時，《近代文明的新趨勢：十九世紀以來的民主發展》（新北：聯經出版，2022）。

我們常常用現代的圖書館多如山積的書的景象去投射古人，往往忽略了古人得書很難。各位仔細讀清初的李塨（1659–1733），他千里迢迢南下到浙江，到毛西河（1623–1716）那裏問學。除了向他請教學問，同時也是為了要讀他的藏書。古代的線裝書往往只印幾十部，有的最多印到兩三百部。我們現在有大圖書館，我們太容易從我們的後見之明回去想像前人，會奇怪某某怎麼沒有讀到這個人的書呢？某某怎麼不知道這個呢？所以我們對思想和學術的時代土壤應該要有一定的了解和判斷，在近代新式印刷之前，思想跟學術憑藉的物質條件的稀少性是很值得注意的，不然對很多事情會有錯誤判斷。

十一、選本等文本

最後我想再提一點。我認為在思想形成過程中，日用書、選本、節本、重編書、格言集、入門書等影響最大，像《荒漠甘泉》（*Streams in the Desert*）那種把你每一天都排好、這一天的心理狀態哪個部分需要改善的，這類書最受歡迎。尤其是在大思潮形成的過程中，影響最大的往往是這些書，也往往為我們所忽略。對一般人影響最大的書，是有入手處，有階段，有明顯繼承和拒絕的。在思想轉變的時期，重新寫一部或一套書來指引時代方向談何容易。我上次在思想史研討班報告的關於「主義」的問題，那篇文章下半年才會出版，轉眼已經過了五年，動筆寫已經是十年前的事情。[10] 我那還只是一篇學術論文，就要花那麼長的時間，到現在還沒出版，何況在歷史上重要思潮轉變的時刻。孫中山哪有時間好整以暇地寫《三民主義》？《三民主義》是演講紀錄，而且連演講都沒有講完。所以戴季陶（1891–1949）曾委婉地說，中山先生著作單薄了些，意思是沒能像馬克思那樣，在英國好好寫他的《資本論》（*Das Kapital*）。

歷史上很多時候思想家都是透過選本之類的文字來表達他的思想態度，如《經史百家雜鈔》、《古文辭類纂》等即是顯例。我為甚麼關注這個問題呢？我一直關注清代嘉道咸這段時期思想的問題，我覺得當時對人們思想產生影響的都是這類書。我也讀了楊國強老師的《晚清的士人與世相》，這一本也是討論這個階段的。[11] 不知各位有沒有詳細讀過《菜根譚》，這是一本從清初到今天都影響非常廣的書。我個人認為這部書反映江右王學思想潛在的薰陶。但大部分人並不知道，更不會知道那是偏於江右王學一路的東西。《菜根譚》表面上是要你咬菜根，實際上涵有很多江右王門的思想。江右鄒守益（1491–1562）等人的文集絕對沒人要讀，但是人們通過這一類雜書，得到一些粗淺的理學思想。這類生活化的雜書晚明特別多，很多都有理學的成分在裏面。我稱這一類書為雜書，尤其是思想變動時代的雜書，影響很大。可惜《四庫全書》子部雜家類選得太嚴，還有很多真正有影響的書沒選進去。這是我們治思想史時往往容易忽略的。

---

10 王汎森，〈「主義時代」的來臨 —— 中國近代思想史的一個關鍵發展〉，《東亞觀念史集刊》4（2013.06），頁 9–88；後收入氏著，《思想是生活的一種方式：中國近代思想史的再思考》（臺北：聯經出版，2017），頁 165–250。

11 楊國強，《晚清的士人與世相》（北京：生活．讀書．新知三聯書店，2008）。

十二、去熟悉化

最後，我要再講一點。我們對思想史大脈絡太熟悉，而忽略了中間觀念的變化其實是非常困難的。我幾個禮拜前在成大講五四時期的思潮和流派，才想起來。五四之後，人們都認為文學革命和思想革命是攜手同來的。可是，我們看看周作人（1885–1967）的回憶錄《知堂回想錄》裏寫，一開始沒有思想革命，只講文學革命。周作人用「仲密」的筆名寫了一篇，說談文學革命應該談思想革命，否則用新文學寫舊思想有甚麼意思呢，這時候大家才把這兩個東西聯繫起來。當然，這中間時間很短。我舉這個例子是想強調，大家當時想的都是白話文和文學革命，並沒必然一定要想到文學與思想革命一定是手牽手而來，新文學儘可寫保守的思想，舊文學也可寫非常激烈的思想。新文化運動前的《國民雜誌》用文言文，寫了很多帶有平民主義色彩的文章，相當激進。我們今天看兩個合在一起，以為「歷史」一定是這樣。實際上不是。我上課常提醒學生，有時候思想上轉一個彎，要花一百年，我們常常太視為理所當然。如果能把這些層次區辨出來，也很有價值。

結語

我知道現在很多人懷疑思想史的價值，但我個人在這裏面獲得很大的樂趣，我覺得思想史的天地很大。思想是有很大影響力的，我看到臺灣這些年來政治上的轉變，愈來愈覺得思想議題的設定非常關鍵。在臺灣政治界，除了幾個特殊議題之外，執政黨和反對黨的主張其實都非常接近。我覺得要獲得決定性勝利，如何設定政治議題很重要。設定議題要有思想、要有看法。

思想常常僅只是人們腦袋中的想法，我這裏要舉方苞（1668–1749）的一個例子。方苞想禁酒，跟美國以前禁酒一樣的想法，但要落實，連皇帝都反對，吃飯沒兩杯酒，還有甚麼意思？孫嘉淦（1683–1753）的集子中便有文章反對方苞的禁酒，這件事也就不成功了，所以他的禁酒思想沒有起到甚麼現實作用。但我也親眼看過一種思想最後成為現實風潮的例子，就是臺灣民眾環保意識的形成。臺灣原來沒有環保思想，環保思想的文章出現在 1980 年代的報紙副刊。剛開始都沒有人要看，主編差點要被換掉。可是幾年之後，我們看到在地方民意代表選舉中，一些粗知文墨的候選人也在他們的政見中大談環保議題，我就知道環保思想已經對他們產生了影響，即使他們口是心非或一無所知。可是靠這個他能當選，他也多少要執行，不管他喜不喜歡，環保思想遂逐漸地落實下去了。現在在臺灣亂丟垃圾不行，垃圾不分類也不行，環保思想已深入而廣泛地影響到人們的日常生活了。

我願意提出這些，作為各位的參考。

「風」與歷史解釋

本文主要是想延伸討論我在《執拗的低音》[1] 中的三個主題，一是「風」與歷史解釋，二是歷史研究的任務之一是發掘歷史上各種「音調」，三是史學如何幫助人們免於陷入將某些現象或價值「本質化」的誤區。

一、「風」與歷史解釋

「風」是中國傳統文化中非常具有特色的概念，只要翻開辭典，「風土」、「風化」、「風水」、「風光」、「風向」、「風色」、「風味」、「風波」、「風度」、「風格」、「風氣」等字眼撲面而來，足見「風」在中國歷史觀中是一個何等重要的觀念。我深知「風」這個概念仍嫌籠統，需要經過現代語言的轉換。但如何以現代語言、概念來描述「風」從形成到衰落的轉變，是個艱難的課題，必須俟諸他日。

1 王汎森，《執拗的低音：一些歷史思考方式的反思》（臺北：允晨文化，2014）。

本文中主要是從歷史的角度談「風」，首先要引龔自珍的〈釋風〉：「古人之世，倏而為今之世，今人之世，倏而為後之世，旋轉簸盪而不已，萬狀而無狀，萬形而無形，風之本義也有然。引申焉，假借焉，為起於蘋末之風，為怒於土囊之口之風，如昌闔、不周、明庶之風，非本義矣。客曰：從虫之義，可得聞乎？曰：不從虫，則余無以知之矣！」「天地至頑也，得倮虫而靈。天地至凝也，得倮虫而散。然而天地至老壽也，得倮虫而死，天地猶旋轉簸盪於虫，矧虫之自為旋轉而簸盪者哉？」[2]

「風」的成因及形成方式很多，我覺得這是一道非常複雜深厚的習題，或許應等搜集幾百個個案之後，才能較好地加以保握。大體而言，最初要有極力鼓吹一種「風」的個人或群體，通常這群人的態度是堅強而不容他人辯駁的，同時要有能「受風」之群眾，兩者互為因源，啄啐同時，不停交互旋轉而成「風」。最初，鼓吹者常常只是少數幾個人，一如清代葉夢珠（生於 1624 年）在《閱世編》中所說：「士風之升降也，不知始自何人。大約一二人唱之，眾從而和之。和之者眾，遂成風俗，不可猝變。殆其變也，亦始於一二人，而成於眾和。」[3]

在歷史上，往往有少數幾個現實地位不高的人，靠著幾篇文章或是幾次演講，而與一群群眾的關注相遇合，一圈圈擴大而形成一股風，甚至形成風捲殘雲之勢。在這裏我僅從明清二代舉出幾個例子。譬如明代古文運動，李夢陽（1472–1529）等

2 龔自珍，〈釋風〉，載氏著，《龔自珍全集》（上海：上海古籍出版社，1999），頁 128。

3 葉夢珠撰，來新夏點校，《閱世編》，卷 4（北京：中華書局，2007），頁 94。

人出身帝國的邊緣地區，而且當時李夢陽只是一介小小郎官，在眾人厭倦了臺閣體，以及它所涵帶的一種平板、停滯，甚至令人感到窒息的風氣之時，靠著幾篇文章強烈鮮活的主張及文壇人脈，他們居然捲起一個萬人景從的復古運動，改變文壇及時代文化的氛圍。此即王世貞（1526–1590）為何景明（1483–1521）作序時所說的：「是二君子挾草莽，倡微言，非有父兄師友之素，而奪天下已嚮之利而自為德，於乎，難哉！」[4]

晚明竟陵文學家鍾惺（1574–1625）、譚元春（1586–1637）也是一樣。在錢謙益（1582–1664）看來，鍾、譚毫無學問，文章中有許多不通、矛盾的字句，以及錯誤、低俗可笑的經典註解。但他們標舉一種主張，選了《古詩歸》及《唐詩歸》表達一種鮮明強烈的宗旨。當時人們多少了解鍾、譚的文章有種不足，但人們厭倦了先後七子所帶出的肥賦詩風，認為他們帶領大家掙脫了原先的羈絆，帶出一種求新求奇的詩風。鍾、譚在晚明文化界，包括文學、思想等層面的實際影響非常之大。從許多不大為人所重視的文集都可以看到他們響應鍾、譚的情形，我將來會在別的地方討論到，此處不贅。

在清代中期，惠棟（1697–1758）以一個低級官員，靠幾篇考證文字而掀起反宋崇古的考證學風。我們在這裏並不評論惠棟的學術，只是想舉他作為例子說明，一旦幾篇文字能與「時風」和「眾勢」相遇合，即使惠棟當時實際地位不高也有機會掀起一代之「風」。

4　王士貞，〈何大復集序〉，載何景明著，李淑毅等點校，《何大復集》（鄭州：中州古籍出版社，1989），頁4。

在「風」的形成過程中，「人」與整個時代的「時會」相合：在「時會」之中，個人成為它的 agent，而 agent 與大環境因緣為用情形，一如朱熹（1130–1200）講「理」與「氣」的關係時所說的「人騎在馬上」，或是用黑格爾（Friedrich Hegel, 1770–1831）的話，拿破崙（Napoléon, 1769–1821）是乘在馬上的「宇宙魂」。正如魯一士（Josiah Royce, 1855–1916）在《黑格爾學述》中所說的，在如此風潮澎湃之時，個人不可能與世無涉，而一方面是偉大的個人一呼萬應，另一方面「宇宙也用一種新的方法把它龐大的無人格的勢力強壓在個人身上，把個人當作工具使用」。[5]

「風」的第二種形式是由訊息、輿論、價格等等帶動產生的。以下將以海耶克（Friedrich Hayek, 1899–1992）的若干論點為例。海耶克當然沒有「風」的概念，但我想借用他討論價格與人群的抉擇與經濟行為等問題的看法來探討「風」的形成。海耶克這方面的討論很多，在這裏我主要是引用他的兩篇文章〈人類價值的三個淵源〉（"The Three Sources of Human Values"）及〈作為一種發現過程的競爭〉（"Competition As a Discovery Procedure"）。海耶克認為：「文明的基本工具——語言、道德、法律和貨幣——都是自生自發之過程的結果，而

5 魯一士著，賀麟譯，《黑格爾學述》（臺北：臺灣商務印書館，1976），頁 52、147。

不是設計的結果。」[6] 如果借用他的觀點來談「風」，則有些「風」的形成是無法規劃、設計的。沒有人能規劃眾人的經濟行為，人的經濟行為是在「價格」的驅動之下，調動分散的個人知識，在自身自發、偶然、競爭之中，由無數個人不同的動機與行為「耦合」而形成的。或是在價格的調動作用之下，無數個人在此價格之下所做的對個人最有利的經濟安排而自然形成的。海耶克說：「價格的主要作用不是指導人們如何行為，而是做甚麼事」，它們「複合而成的複雜結構」，[7] 形成了「耦合秩序」。

海耶克說：「（以）廣泛分散的信息為基礎，範圍廣大的社會勞動分工，完全是憑靠人們對那些源出於市場過程的非人格信號的運用而成為可能的」，[8]「競爭產生了一種非人力的強制，它迫使無數個人必須以一種任何刻意的指令或指示都不能促成的方式去調整他們的生活方式」。[9] 在價格體系下，個人以自己最佳的利益作出選擇，為每個人的選擇，「耦合」在一起，形成「自發秩序」，或是像我說的「風」一般。

6　Friedrich A. Hayek, "The Three Sources of Human Values," in Friedrich A. Hayek, *Law, Legislation and Liberty* (Chicago: University of Chicago Press, 1979), vol. 3, pp. 153–176. 中譯見哈耶克，〈人類價值的三個淵源〉，載氏著，鄧正來譯，《作為一種發現過程的競爭——哈耶克經濟學、歷史學論文集》（北京：首都經濟貿易大學出版社，2014），頁 209。

7　Friedrich A. Hayek, "Competitions as a Discovery Procedure," in Friedrich A. Hayek, *New Studies: In Philosophy, Politics, Economics and the History of Ideas* (London: Routledge and Kegan Paul, 1982), pp. 179–190. 中譯見哈耶克，〈作為一種發現過程的競爭〉，載氏著，鄧正來譯，《作為一種發現過程的競爭》，頁 39。

8　Hayek, "The Three Sources of Human Values." 中譯見哈耶克，〈人類價值的三個淵源〉，頁 208。

9　Hayek, "Competitions as a Discovery Procedure." 中譯見哈耶克，〈作為一種發現過程的競爭〉，頁 49。

海耶克又說：「我們乃是在無意識中，偶然進入這種經濟向度的。」[10] 當然海耶克偶而也提到少數個人促發重大變化的作用，他說：「只有當少數具創意且有能力嘗試新方法的人能夠使眾人感到有必要效仿他們，並且同時又能夠為眾人指引方向的時候，風俗習慣才可能發生必要的變化。」

前面提到，海耶克從未提到「風」之類的概念，但我把他的「自發秩序」之說挪過來解釋「風」的一種形成——它是價格、訊息、謠言，或是愛國、民族主義等，至少初看起來不是那麼人格性因素所形成的調動性力量，使得人們在它的影響之下為自己做選擇，如果眾多人的選擇產生「耦合」，便可能形成「風」。在講過兩種類型的「風」的形成之後，我想強調，這兩種形式雖然存在某種區分，但兩者之間往往也在過程中互相交纏，循環往復、互相反饋。

接著，我想強調一點：在人類歷史發展過程中，吸引人們跟著盤旋而起的通常都是一些「部分」性的東西。有時是一些思想、一些概念、一些措辭。有時是人們在某一時刻認為有價值的、美善的、渴望的，能彌補其空虛的東西，或是不景氣、低收入、災荒或對精英政治徹底失望等等所造成的，或者根本是一些偶然性所造成的。其中有許多從後人的眼光看來恐怕是「荒唐無稽」、無法以合理的理由加以解釋的，譬如晉代人以牛

10 Hayek, "The Three Sources of Human Values." 中譯見哈耶克，〈人類價值的三個淵源〉，頁 211。

為貴，捨馬而愛牛，風尚所在，實在不能知其所以然。[11] 它們不一定有智慧、合邏輯、平正通達、合於道德倫理、或合於傳統文化標準，也未必經得起嚴謹的知識驗證，有時候甚至不合於現實利益的算計，[12] 能夠吸收、調動成風的質素一直在變，舊的吸引人的質素可能在一段時間之後消失得無影無蹤，並被人們驚詫不已的新質素所取代。這正像龔自珍在〈釋風〉中所形容的「倏而為」古，「倏而為」今。

譬如，2019 年 6 月在里斯本召開的一個政治心理學研討會中，從事選舉調查的學者說，原來用以調查候選人被接受度的量表中的測量指標需要大幅更換。以前的指標可能是長相、談吐、政見、遠景、專業素養等等，但他們發現在近年的選舉中這些指標測不準了。人們發現一個以前並未納入的指標：「真實性」(authenticity) 更為關鍵。選民們現在在乎的是候選人是不是「真誠」、「真實」，是不是與我一樣、讓我感到舒服。證諸近十多年來，世界各地突現一大批並非最初預料所及的素人政治領袖，則「真實性」作為一個重要的新指標顯然是有道理的。

接著我要談為甚麼要用「風」來補充歷史的思考。柳詒徵 (1880–1956) 在《國史要義》中注意到劉咸炘 (1897–1932) 的「觀史跡之風勢為史識」，認為專業史家經常局限於事實始末的研究。柳詒徵認為史家除了要窮究「事實本末」之外，還要闡釋「史跡風勢」，他提醒我們歷史研究不只是事實的研究，還有

11　金毓黻著，金毓黻文集編輯整理組校點，《靜晤室日記》(瀋陽：遼瀋書社，1993)，頁 7414。

12　譬如在法國大革命的過程中，巴黎市民起著非常重要的作用，如今回頭去看，每每是一陣又一陣的「風」。

更長遠、更複雜的「風勢」之變遷起落，史家要「察勢觀風」，要觀察一代風氣之形成及衰落，他認為這是培養史識的一種辦法。他又說劉咸炘標舉《禮記》中所說《尚書》的價值是「疏通知遠」，而「疏通知遠」即是「察勢觀風」的意思：一方面觀察事實之始末（入），同時察風氣之變遷（出），並找出每一代特具之「事象風氣」。[13]

此外，我以為「風」的觀念可以幫助我們稍稍從線性歷史觀的框架解脫出來，非線性地思考歷史事件之起落。譬如歷史發展「倏而為古之世，倏而為今之世」，「倏起倏落」的性質，也提醒我們注意當「風」旋轉簸盪之時，非定點之間的影響與傳遞，或不斷互為因果的關係。或提醒人們把握來回往復的，甚至是四面八方的運動形式，或把握到在語言之外，「非概念性」的因素的作用。或者用龔自珍的話說是「萬形而無形」，變化萬狀，甚至沒有固定形態、固定軌道、固定因果的人事活動所構成的歷史。或是弱者如何影響強者，後來者改變先行者，被殖民者的某些生活質素如何像風倒吹回去影響他們的殖民者，並改變殖民帝國的思想、文化等。

沒有人能限制天上大風，只能在某一個範圍內吹盪。在民主選舉中我們經常看到某個政治人物的聲勢暴升引起大風，盤旋不去時，如颶風吹向各地，即使他的名字不出現在其他地方的選票中，但大風所形成的「複合代理人形象」，會將他與當地某些候選人形象複合在一起，而成為隱形的投票對象。史學家

13 以上見柳詒徵，《國史要義》（上海：上海書店，出版年不詳），頁108–109、118。

如拘執於有形跡的證據，則未必能把握這類現象。

「風」，有小風、有大風，有一時之風，有綿延一代或數代的風。任何一個時代多有幾股競合無定的歷史力量（「風」）。而且在眾股力量中，如果剛好有一股「大風」正在冉冉旋起，人們不只應注意「大風」所帶來的直接影響，同時也應觀察與它糾纏的各股歷史力量相應產生的新變化。以上所舉，只是針對線性歷史因果觀所想到的幾個例子。

「風」是一道複雜的習題，有許許多多的問題值得探討，譬如在「風」中的個人的角色與行動；在「風」中的群眾、社會、文化處於甚麼地位；某種社會、政治、文化、經濟等背景如何支撐一種「風」；或甚麼社會、政治條件的變化使得某種「風」消逝得無影無蹤等等。

二、歷史研究在於發掘過去的各種「音調」

我一直認為歷史是很多強弱不同、位於不同層次的力量同時在往前跑，彼此間有競合關係，有的成為主流，有的成為潛流，有的從非主流以某種不盡相同的面目又成為主流。幾年前我曾替史語所的《古今論衡》寫了一篇短文，討論近世歷史中反對印刷以及希望大規模把書燒掉的言論，即是一例。[14] 我們以前看歷史一直是單線的，只寫印刷術勝利的一面，而忽略了在

14　王汎森，〈近世中國焚書或反印刷言論的若干斷想〉，《古今論衡》25（2013.11），頁 123–132。

印刷術大行的時代，還是有不少人持不同意見。而且抄本跟印本每每不能截然分開，它們的流量在特定時期往往幾乎難分高下。所以我們採取只看印本的歷史作用而忽略抄本的態度，未必符合歷史的事實。

如果不注意歷史的過程中有好幾股處於不同層次的力量在競爭，便無法理解雷根（Ronald Reagan, 1911–2004，美國第四十任總統）為甚麼會當選總統。因為我們看 1960 年代以來的美國思想往往只看到學生運動和激進團體的力量，忘了保守派也在那邊動員，在轉換形式，像擦火柴一樣點燃一片片乾草，只有把這些放入我們視野之後，才能多少解釋在經過 1960 年代激進運動狂烈的洗禮之後，保守的雷根為何能在 1981 年當選總統。

我從來不認為歷史只是勝利的那一方，歷史上本來就不乏具有重大意義的失敗。而且如果沒有了解到歷史有多股力量在發展、競逐，的確很難理解若干歷史現象。

我談「執拗的低音」的另一個因緣，是在多年前生病時，意識到自己對宋明理學「心體」的了解，都是依據百年來新派學者的看法，傾向認為沒有「心體」這個東西。可是後來我發現狀況未必如此，而開始進一步反思，反思近百年來激進與過度西化的思潮，如何影響我們對歷史的了解和認識。如果不重新反思，我們可能會將許多當代現象本質化，認為人類就是這個樣子，忘了還有其他可能性。

我把二十世紀過度受功利主義跟科學主義影響的對古代的歷史文化詮釋，比喻為具有特殊性格的情報局長。這些情報局長因為個性太獨斷，總期望派出去的情報員所帶回來的情報全部都符合他的預想。可是派遣情報員本來就是為了了解事情的真相，如果情報員只想呼應局長的想法，那麼為何還要千辛萬苦派人出去收集情報呢？研究歷史也是一樣，如果只是為了把過去的歷史打扮成現代人喜聞樂見的樣子，那還研究它做甚麼呢？

不過，近代有些舊派人物往往為了抵抗新派而走向另一個極端，我認為他們也有把另一個極端的說法加以本質化的危險。像錢穆這樣了不起的大師，我有時也不免覺得他偶而也會有一種潛在的思路，好像只要跟近代西方完全相反的就是對的、就是純正中國古代的。無論如何，他們對近代西方功利主義和科學主義有很深入的反省與批判。[15]

我個人認為史學工作者的任務很多，其中有一個是發掘歷史中的各種音調（不只是低音），並釐清它們之間的層次，免得讀者誤以為一個時代只有一種單音，或只有一種主旋律。

三、歷史是一種擴充心量之學

按照卡爾的定義，歷史就是「過去與現在不間斷的對話」。歷史本來就不可能完全獨立於現實關懷。我常比喻歷史研究跟現實的關係，就像你拍打籃球，每次拍打在地上時，球體都要受到各種力量的影響而略有改變。

我覺得歷史意識對社會和個人都是很重要的資產。它使我們在考慮、反思與觀察事情時都可以有個縱深。但歷史意識並

15 有些被認為是保守思想家的人物可能並不保守，像王國維其實受到西方或日本的影響，一點都不保守。王國維的好朋友孫德謙就曾經指出這一點。

不容易定義，我傾向的定義之一是，「當一個人具備歷史意識時，在他的意識中，歷史上發生的事情跟他之間有處於同一個時代的感受」，所以必須衡量它、審度它，從中汲取教訓。如果歷史上發生的事情並沒有與我們產生「同時代」感，那跟我們就沒甚麼實際的關係了。如果歷史上某些東西成為思考的資源，形成同代感，我就稱這種意識的形成及狀態為「歷史意識」。

我正準備寫一本小冊子，主題大概是：「歷史是一種擴充心量之學」，[16] 因為我感覺到現代社會有重大的歷史意識危機。我在大學唸書時都還沒有這種危機感，那時候感覺過去的歷史與我們的生活是可以有同代感的，但現在感覺好像甚麼都不相干。「不相干」是很值得研究的問題：現在已經愈來愈難回答，歷史跟我們的社會到底有甚麼樣的關係。

現代人因為歷史意識不足，滿眼所見都只是當代，很容易把我們所處的這個環境、所看到的東西，當作是人類自然而然的東西，也就是把現狀本質化，忽略了人類歷史上其實有過多元、豐富的可能性。人類的經驗並不只有這一刻才是對的，或是只有這一刻才是最進步、最有價值的，過去可能也有我們可以取法的資源，而且未來也還會再改變。

我覺得歷史是一種負擔，也可以是一種解放。我所指的負擔就像尼采（Friedrich Nietzsche, 1844–1990）在《歷史對於人生的利弊》（*On the Advantage and Disadvantage of History for Life*）裏頭所批評的。但尼采批評的是蘭克以來的歷史主義，將歷史片

---

16 編按：已出版，參王汎森，《歷史是擴充心量之學》（北京：生活．讀書．新知三聯書店，2024；新北：聯經出版，2024）。

段化、碎片化，甚至跟現實脱節。其實，歷史有解放的功能。如果沒有打開歷史的視野，很可能就不知道「心」和「物」的二元分割其實是近一兩百年才從西方發展出來的。將「心」、「身」分開來討論本來就有極大的危險性。如果沒有歷史視野，就會將「心」和「身」二分當成是討論人的一種本質化的東西。

例如，二十一世紀強調的是自身利益（self-interest）與競爭，很多人都認為，這個觀點是來自於亞當・斯密（Adam Smith, 1723–1790）的《國富論》（*The Wealth of Nations*）。可是阿馬蒂亞・森（Amartya Sen）重新審視亞當・斯密的著作，就發現他所講的並沒有那麼厲害。他所討論的自身利益與競爭還在一定的範圍以內，是有分寸的。如果有此歷史意識，就不會本質化現狀，就不會以為拼命達到關鍵績效指標（KPI）才是我們現在唯一該走的路。

無論如何，我們都應該以多元、縱深的角度來看許多事情。對我來説，「回顧」本身也是一種解放。龔自珍的一篇短文提到：歷史是「大出入」——大的「出」跟「入」。意思就是説，你要進到歷史的內部，也要走到外部來看它。只有這樣，歷史才不會成為一種負擔，並保持批判與靈活的觀察態度。例如，坦克車在第二次世界大戰以前是用來輔佐陸軍的。如果墨守前規，就只能相信它只有這個用途。可是第二次世界大戰時，德國竟將它們集結起來作為打擊的主力，原有的戰爭形態完全改變了。這就是既了解坦克車的歷史，又進行破壞性創新的實例。

以我個人的研究為例，我主要從事十五世紀以降到近代的思想史研究，我首先想了解的是近世社會以及近代思想的形成，簡單地説，是甚麼造就了近代？是甚麼造就了我們今天的思想與生活？透過這些歷史研究，我也知道了這些形成過程中原本是有許多條路可走的，我們不應該把近代歷史中當令的勢力本質化，以為本來只有這條道路。

四、真理使人得以自由

記憶與現實生活的關係非常密切，例如現在臺灣人對日本的統治以及日軍在第二次世界大戰期間在中國的作為的這一段記憶，選擇接不接受或如何詮釋，很大程度決定了他們投票支持誰。所以它確實很有影響力，歷史雖然好像看不見，但它牢牢地抓住大家。

歷史學者要怎麼看待爭奪詮釋的問題？我認為統治者不可能永遠壓抑得住歷史真相。世新大學有一位傳播學教授的文章曾經統計，在「二・二八」事件之後的幾十年，臺灣的媒體與歷史課本中提到「二・二八」的次數非常之少。可是當有一天它暴衝出來的時候，就面臨很難收拾的局面。臺灣那些年壓制記憶的政策是錯的，它錯失了和解的機會，即你充分了解我的歷史，我也充分了解你的歷史，並尋求互相諒解、尋求和諧的機會。和諧並不表示大家都要完全相同，而是應該儘量站在更高的基礎上，追尋互為主體的互動。

我覺得正確面對歷史的方法，是讓人們抒發、讓人們進行多元化的歷史書寫，同時在人群之間尋求了解與和解的可能性。就像晚清民初一些思想家認為，當時世界最強的國家是有民主有議會的國家。為甚麼？因為這些體制讓人們的意見得以表達出來，得以集各種人的聰明才智成為國家的力量。

《聖經》裏有一句話：「真理使人得以自由」（〈約翰福音〉8:32）。我反對政府用權力壟斷歷史，用國家的力量操弄歷史，一旦真相全部暴露，對政權會非常不利。我們應該以民主、自由的思想作為歷史編纂的前提，就是所謂歷史要有「大出入」的「出」，出到外面看這些歷史，要有自由、平等和人權的原則，不應該走入任何一個極端；然後要有「入」，進入歷史研究的園地，講求如何寫好歷史。我基本上認為一個歷史工作者要抱持合乎理性的態度，要對自由民主有體認，任何事情都要有君子風度，要有不言自明的良善共識，準備包容更多的東西。

長遠來說，我相信《聖經》裏「真理使人得以自由」那句話，蔡元培（1868–1940）就說過，做學問不要被意識形態或現實的功利所扭曲，只有真實的東西才能長遠地留下來。

跨學科的思想史
——以「廢科舉」的討論為例*

2005 年，當廢科舉百年時，我曾在中研院近史所作過一個發言，其中以「傳訊系統」(signaling system) 的觀念來説明「廢科舉」使得行諸久遠的一套識拔人才的「傳訊系統」失靈了。因此，在本文一開始，我要強調「人的現象」包含各個方面，可以從歷史學、心理學、社會學、哲學、經濟學等各種方面來了解。許多歷史現象可以從其他學科得到「説理的資源」，社會科學便是其中一種。在比較深入地考慮廢科舉與傳訊系統這個問題後，我認為這個主題所要討論的主要有兩點。第一，是人群學 (prosopography) 的問題。凡涉及人群與人群之間的事務時，不管是人才的選拔、好壞的評價制度等，因為人們無法一一直接接觸，加上「真理」不會從天而降，所以往往有以下將會講到的種種特質 (譬如「相互不透明性」)，故需要一套「第三者機制」。第二，我個人以為經濟學的「傳訊機制」是一種「第三者機制」，可以借用來解釋晚清廢科舉事件，而上述二者是密

* 本文是我 2019 年 12 月在復旦大學高等研究院「第一屆思想史高端論壇」上的報告，因為是演講稿，所以未能詳細作註，敬請讀者諒察。

切相關的。在本文中，我將先討論「人群學」中的五種特質及「第三者機制」的形成，我個人認為這五種現象及「第三者機制」是了解許多制度或現象的一個輔助。接著，我是以「科舉」與「傳訊機制」為例來說明之。

一

首先，我想要花費一些筆墨討論數目較大的人群與人群之間所會產生的五種現象：

一，人們習慣從「全知全能」的角度來理解事物，然而許許多多事物其實在相當程度上是未知的。當人群之間產生交涉時，相互之間基本上是不透明的，所以人才的識拔也一樣應從相互不透明的想像出發。

二，任何「呈現」基本上都只是部分的，不是全部的。以對人才的識拔為例，任何時代被認為好的人才，都只是所有關於好的人才定義中的一部分，被人們所識認的才能也是某人的部分才能，而不是一種籠統的所謂「全方位」的能力。

三，既然在實際上沒有全知全能，沒有全方位，一切都只是部分的，那麼便有「甚麼是甚麼」或「甚麼等於甚麼」的問題。這條思路使我想起十七至十八世紀的聖公會教師巴特勒（Joseph Butler, 1692–1752）的話：自由即是自由，自由不「等於」其他東西。二十世紀的政治思想家柏林便常常引用他的話，拒絕為自由再作定義。[1] 美國思想家伯克（Kenneth Burke, 1897–1993）表述「甚麼是甚麼」，[2] 便也在這個時候悄悄走近我們的思維世界，在甚麼「等於」甚麼之下，有許多可能性，而且它的定義經常隨著時代環境而改變，譬如甚麼時候人們覺得「德」等於「才」？甚麼時候「美麗」等於白胖？甚麼時候「美麗」等於棕褐色的皮膚？又如甚麼是「人才」？在西方，「人才」是能操辦各種事務的幹才。在清朝，所謂「人才」是指擅長八股考試的人。

在涉及人群與人群之間的實務時，「甚麼」等於「甚麼」便是經常要面對的挑戰。每年我都要為一個基金會審查數以百計的申請補助計劃書。顧名思義，我的責任是要選出值得補助的研究計劃。但是，如果問甚麼主題等於是「好」的歷史研究計劃時，我注意到，包括我在內的委員們，每每會受到史學新潮的影響。通常很容易被計劃書中出現的一些概念或字眼所吸引，如「新文化史」、「醫療史」等。計劃審查如此，日常生活亦如此。以前人們崇拜理性與科學的力量，所謂的「好」是指儘量改變自然（如以真皮的皮箱換一隻塑膠作的皮箱）。現在所謂的「好」則往往是儘量保持自然、偏好有機。以前偏好化工產品，現在則偏好天然、無添加物的產品。

---

1 葉浩，《以撒．柏林》（臺北：聯經出版，2018），頁 177。巴特勒的原文見引於 Isaiah Berlin, *Four Essays on Liberty* (Oxford: Oxford University Press, 1969), pp. 49, 125。

2 伯克說：「我們總是用一個別的東西來定義一個東西（We necessarily define a thing in term of something else）。」見 Greig E. Henderson, *Kenneth Burke: Literature and Language as Symbolic Action* (Athens, GA: University of Georgia Press, 1988), p. 25。

四，「未來」是不透明的，人們通常在思考未來該做甚麼、該怎麼做時，往往需要依靠各種符碼的暗示。正如海耶克所說的，人在無垠的道路上摸索前進時，對於規則不是事事思考而決定是否跟隨，往往是先服膺再想。[3] 因為事情往往具有「部分性」，所以每個時代在不同的情境選拔人才時，往往會突出幾個特質，並將它們作為傳訊的符碼。譬如在東漢魏晉鄉舉里選的時代，人們評鑑人才時，要依靠許多「名目」。譬如《晉書．武帝紀》中說：晉武帝「令諸郡中正以六條舉淹滯」，這六條分別是忠恪匪躬、孝敬盡禮、友於兄弟、潔身勞謙、信義可復、學以為己。這些「名目」便是人群與人群溝通的「符碼」。在這些「符碼」的傳訊下，官方儘量依這些「名目」選人，而百姓也儘量表現出符合這些「名目」的行為以求中選。從今天的眼光看來，這些「名目」與今天政府或公司所希望徵求的人才特質是有不小出入的。人群與人群溝通的「符碼」或「傳訊符號」都有形成的過程，有些可能是偶然出現的，有些則是順應時代現實而刻意設計的，但是它們總是帶著「部分性」。

五，人群與人群之間基本上是相互不透明的，所以任何評價的確立，往往需要一個「參照系」（如果上帝來到我們中間，憑甚麼證明祂是上帝），這就好像在網絡評價尚未出現之前，一群遊客初次走進風景區的老街，要如何在無數烤香腸的攤販中選擇較好的一家？如何在一個滿是溫泉的區域中選擇一家湯

3 Friedrich A. Hayek, "Notes on the Evolution of System of Rules of Conduct," in Friedrich A. Hayek, *Studies in Philosophy, Politics and Economics* (Chicago: University of Chicago Press, 1967), pp. 66–81.

屋？除了裝潢的好壞之外，初來乍到的人群要透過甚麼溝通「符碼」進行選擇？是ISO國際標準驗證，是執照，還是懸掛的名人照片、「電視臺報道」，或是依靠排隊人龍的長短，或是按招牌的新舊程度來選擇？

由於在人群與人群的互動中，經常出現上述五種特質：相互不透明及未知性、部分性、甚麼等於甚麼、傳訊符碼、參照框架，是「人群」與「人群」之間發生關係、進行某種選擇時，經常出現的特質。所以涉及「第一者」與「第二者」之間——譬如政府與廣大人民，僱主與求職的人潮等，既不能靠著古書中所說的逐一「貌閱」來進行，[4] 再加上其他複雜的因素，則往往要靠「第三者」——即一套機制（set-up）來溝聯。「評價」、「選擇」、「制度」（或非制度性的機制），[5] 乃至一般人所認可的「真理」、「好壞」等，也不必然都是「從天而降」的。它們往往要經過一套「機制」來產生。不過這裏要強調一點，第三者機制通常不是由上述五個人群學的特質所派生，但是在形成過程中卻與它們有相當密切的關係。

第三者機制有各式各樣的形式，有時是一套制度，有時是傅柯所說的「真理產生的機制」（regime of truth）。傅柯認為「真理」不是從天而降的，在「我」與「物」之間有一套「機制」，

---

4 隋朝政府為了廣泛的不實人口及規免租賦的現象，而實行「大索貌閱」。「大索」是大搜索，「貌閱」是對人口當面審問。

5 譬如對明清時代稅收的研究，有人便發現在里甲圖表中有一些總戶的戶名，從明代萬曆年間直至清末皆保持不變。總戶和子戶都不是現實生活中的一個家庭單位，族人透過「子戶—總戶」的關係向官府納稅。參見片山剛著，陳志和記錄整理，〈明清時代的王朝統治與民間社會——關於兩者接點的戶之問題〉，《開放時代》6（1986），頁63–64。

經過這套「機制」，也就是「論述」（discourse）才產生所謂「真理」（truth），[6]「機制」往往需要鑲嵌在特定的社會脈絡裏才能成立，而不是完全隨機的。它也並不是我們所能完全掌握的。[7] 所以「甚麼等於甚麼」之間要經過「機制」的媒介，真理不是從天上自然而降的，只有根據「論述」才能 tell the truth，或是他稱之為 truth game。人們在一個特定的時刻說某些東西，而對其他的卻又從不說起，在某一特定時間，則有某些事可能被想看、想說的，它們是稀有的、是無形狀的。傅柯說：正因為所謂真理有一個運作機制，所以宣揚仁愛的古代基督教卻從未想過廢奴這件事。[8] 正如沃爾夫林（Heinrich Wölfflin, 1864–1945）所說："Not absolutely everything is possible at absolutely any time."（不是所有的東西在任何時間都是可能的。）[9] 政治學者斯科特（James C. Scott, 1936–2024）在《國家的視角》（*Seeing Like a State*）一書中講到，政府是透過各種「指標」來了解、治理國家。各種「指標」即是一組組「機制」，它們梳理或簡化事實，[10] 經濟預測、景氣燈號、教育評鑑等指標使得複雜的狀態可被觀察。指標只是實際事物的部分表徵。然而沒有各種指標，人們還真不知道有甚麼立即有效的辦法來描述一個國家的經濟狀況。從各式各樣的人群現象中，幾乎都可以看到不同樣態的「第三者機制」。

---

6 Paul Veyne, *Foucault: His Thought, His Character* (Cambridge: Polity Press, 2003), pp. 93, 59.

7 Veyne, *Foucault*, p. 99.

8 Veyne, *Foucault*, pp. 57, 95.

9 Veyne, *Foucault*, p. 102.

10 James C. Scott, *Seeing Like a State: How Certain Schemes to Improve the Human Condition Have Failed* (New Haven: Yale University Press, 1998).

「溝通理論」(communication theory)的研究也在討論「中介性機制」，討論人們如何透過這些中介性的機制來治理國家等，也出現「第三者機制」的現象，譬如西格特(Bernhard Siegert)在《文化技藝》(*Cultural Technique*)中提到了「第三序」(the third order)。作者認為在「第一序」與「第二序」進行溝通之時，需要有一個「第三序」。「第一序」可能是「俗」,「第二序」可能是「聖」，而「第三序」則是溝通它們的「機制」。在一段關於人類學的調查中，作者發現「閒話」其實經常是兩個人開始正式進入溝通時必要的。先以一段「閒話」表示溝通的開始，就像溝通兩端的電報，經常是以一段雜訊開始，所以「第三序」發揮溝通第一、二序的作用。又如門，它對溝通門裏(第一序)、門外(第二序)起著非常重要的作用。此外，作者還舉出了其他許多所謂的「文化技藝」來說明。[11]

在《案卷》(*Files*)一書中，作者討論「案卷」(files)這種管理資訊的文件形式的出現何如幫助德意志帝國的治理。[12] 如書中所顯示的，法官、律師是靠著法律「案卷」來治理廣大的司法事務。案卷中固定的格式甚至限定或篩選了甚麼資料要被記錄在案。而且在「案卷」中記錄的不一定就是真正發生的事，譬如一個青年學生騎摩托車超速，向警察求情之後，開了一張罰款更少的罰單(譬如摩托車誤入人行道)，而這就變成了此後處理這個案件的依據。

11 Bernhard Siegert, *Cultural Techniques: Grids, Filters, Doors, and Other Articulations of the Real* (New York: Fordham University Press, 2015), pp. 20–22, 192–205.

12 Cornelia Vismann, *Files: Law and Media Technology* (Stanford: Stanford University Press, 2008).

我個人所得到的印象是，溝通理論中所討論的「文化技藝」（cultural technique）或「第三序」，往往在人群「溝通」中起著重要的中介作用，這與我前面所提的第三者的「機制」有關卻不盡相同。我要講的是一種在萬人對萬人的格局之下，沒有從天而降的「真理」或一眼即可望穿的「才具」，要靠第三者「機制」才能「傳訊」出所謂的「真理」或菁英的「才具」。

二

蕭伯納（George Bernard Shaw, 1856–1950）認為，政治說到底不過是一種「量人」的工作。[13] 許多時代卻發展出不同的「量人」辦法，「科舉」是隋唐開始形成的一套量人取才的制度。從廣大的人民中選取人才，涉及廣大人群與人群之間的事，不可避免地會有前述討論的五個特質。由於人的才能是不透明的，沒有一個人具有「全方位」的才能，人才不是可以直面的，所以要用一套第三者「機制」及「參照系」來選拔。在傳統中國是科舉考試，而不同時代的科舉考試需要一套套溝通符碼以鑑別考生的才能。同時，考生們也極力想趨近這些標準，這些符碼的變化往往帶動了士風與文風。

上述特色都使人想到經濟學中的「傳訊機制」。「傳

13 George Bernard Shaw, "Government Presents Only One Problem: The Discovery of a Trustworthy Anthropometric Method," in George Bernard Shaw, *Man and Superman: A Comedy and A Philosophy* (Westminster: Archibald Constable and Co. Ltd., 1903), p. 228.

訊機制」是在一個市場情境中，人們傳達關於自己的訊息（people transmit information about themselves in a market like situation），訊息是以指標或訊號的形式傳遞的（information is transmitted via indices and signals）。[14] 我的第一個設想是，顯然涉及人群學的，在無名大眾之中的制度、「篩選」（人才、道理）或其他所謂的文化技藝，是不是可以用這五個前題來考慮。它們不一定天然的，有些現實形成的時代成因、過程，及更迭的歷史，而科舉是其中一個好例子。

「傳訊系統」是經濟學理論。1960年代，貝克（Gary Becker, 1930–2014）提出「人力資本論」，論教育培養人才的能力；而史彭斯（Michael Spence）則認為人才是靠「傳訊機制」來識拔，我個人以為傳訊系統是一套「機制」，它也具有前面所提到的五個元素。識拔的標準是片面而主觀的，沒有人能「真正」了解成千上萬人的能力，甚至所謂「真正了解」一語到底是不是一個正確的表達方式，也值得考慮。所謂某某人有沒有能力也是部分的，沒有一種可以對個人的「全部」才能、德性一覽無遺的判斷機制。[15]

就像朱敬一教授所說的，「傳訊」源於交易雙方所擁有的訊息不對稱，既然無法直接溝通，只好求助於「傳訊」。譬如商人

---

14 Michael Spence, *Market Signaling: Informational Transfer in Hiring and Related Screening Processes* (Cambridge: Harvard University Press, 1974), p. 107.

15 歷史上有些即是在一般人眼裏最不能視為才能的，在特定的情境下，可能發揮正面的作用，在其他情境下卻是微不足道的。譬如，清代皇帝見臣下時每每留下「考語」，每個時代認為可以大用的「考語」多有不同。見馮爾康，《清代人物傳記史料研究》（北京：商務印書館，2000），第11章〈歷史檔案中的人物傳記史料〉，頁489–494。

或勞工皆須透過訊息的傳遞，讓別人知道誰是「優質」的。常用的例子是如醫療保險市場或二手車的市場，如果一部二手車外表打理得非常光鮮，則它的車況包括是不是在颱風來襲時泡過水，基本上從外表是看不出來的，這時如果祭出「半年免費維修」，則可以「傳訊」車子的車況。[16]

史彭斯的傳訊理論已經應用到許多方面，如勞動市場、教育理論、契約訂定、競爭行為、產業發展乃至於公共政策之形成，遠遠超出我的能力所能掌握的範圍。在這裏我僅以他的經典名著《市場傳訊》(*Market Signaling*) 一書中所舉的市場中的傳訊機制為例，談市場的傳訊機制經常要問的幾個問題。如果我們把書中討論市場中徵人與應徵者的種種關係，想像成是科舉考試中考官與考生的關係，則有相當程度的彷彿性。以僱傭市場為例，如僱主用甚麼「符碼」來傳訊他們所偏好的人才，而這些「符碼」由甚麼決定，符合他們的需要嗎？「符碼」何以一直改變？它們有完成傳訊的需求嗎？人們了解僱用者或政府不想傳訊的東西嗎？在市場中，僱用者用甚麼「符碼」展示其對人才的優劣判斷，而應徵者如何理解？應徵者如何努力以符合那些「符碼」的特質（譬如考科舉時，把八股文寫好一點）？以公共政策為例，如果政府將長期照顧服務納入健保，這即是一個重要的 signal，那麼人們的理財規劃（如存老本）便會有所不同。如果政府將買房的貸款比例降低或提高，即顯示政府想要鼓勵房市或打壓房市。一個環評委員會的組成中，如果政府將

16 朱敬一、林全，〈人力資本論與教育傳訊論〉，載氏著，《經濟學的新視野》（臺北：聯經出版，2010），頁 77–82。

生態派環評委員換掉，代之以產業派委員，這也等於送出一個訊息，表示政府想以產業為重，而這則訊息也將改變投資者的計劃。

如果用「傳訊」來解釋科舉，在一個廣土眾民、人才不知散在哪個角落的帝國，用甚麼方式來「量人」，決定一個人可以進入仕途或決定一個人是「忠」或「奸」？憑著科舉，這個帝國似乎得到一個並不一定讓所有人滿意，但是卻相對穩定、公平、便宜的解決辦法。借用史彭斯的「傳訊系統」的觀念，則科舉是一套識認人才的「傳訊機制」。有些時代是以對經書解釋程度的高超與否作為傳訊符碼，有些時候是以八股文的好壞作為傳訊符碼，好似認為八股文做得愈好就表示他愈有聰明才智、愈為忠誠，愈有資格成為菁英。

如果把科舉想成一套傳訊機制，那我們可以考慮以下問題：正如「傳訊」系統有聲望高低之別，不同時代的人們對科舉系統的信賴程度亦有所不同，政府如何維持科舉的信賴度？考官對掄才大典的可能結果隨時在揣想著，考官也想從各種表徵去區別出人才的好壞，一如公司徵才時，僱主們想從應徵者的履歷、舉止、態度、衣著中看出一些端倪。[17] 考生也會依據當時文風所顯現的傳訊符碼（commutative code），儘量改善自己，儘量「投其所好」。考官會漸漸形成一些溝通符碼，而這往往受時代風氣的影響。在某一個時代，人們認為邊疆的知識重要，在其他時代，人們則認為金石學的知識重要。正如《淩

---

17 Spence, *Market Signaling*, pp. 5–13. 我把史彭斯書中講到市場中徵人與應徵者之間的傳訊設計改換成科舉中的考官與考生。

霄漢閣談薈》一書中說：「壬寅（1902）、癸卯（1903）、甲辰（1904）鄉會試，著重時事、經濟、科學、西方政俗，皆生員所未曾學得。」[18] 上述這四種「溝通符碼」：時事、經濟、科學、西方政俗成為考官的偏好，若連續一兩科獲取的都是這一類的文章，則廣大的考生便會儘量設法趨近它們，儘可能增進或改變自己可被觀察的表現，使自己看起來更吸引人，造成士人風氣的變化。

溝通符碼的形成很值得探討，譬如一樣都考八股文，但八股文中的許多細節、甚至字體的差異都是不同的傳訊符碼。正因為才能是不透明的，所以前前後後才會發展出許多考試的方式，這些考試方式即「溝通符碼」，讓人們知道在哪些方面表現才是獲得考官青睞的依據。明清科舉制度的八股文是其中之一，在明清時代，考官們透過八股文的好壞「釣」出考生的才能，考官之所以用八股來「釣」出考生的才能，是因為當時人們或多或少相信八股文的好壞，即可大致看出一個人的才能、性情。一如買者在買的當時，不完全知道所買之物的真正品質，所以可能依賴名牌來做選擇。

從傳訊機制出發來了解清末廢科舉，可以把我們的注意力引向幾個重點。首先，「廢科舉」可以理解為傳訊系統的崩潰，而在經濟學中對傳訊系統崩潰所造成的研究很多，可以借鑑。清代末年「科舉」與新式「學校」之間的競爭，就好像貝克與史彭斯的爭論的翻版。科舉理解人才的方式，比較接近史彭斯；

18　徐凌霄，《凌霄漢閣談薈》，載徐凌霄、徐一士著，徐澤昱、徐禾整理，《凌霄漢閣談薈曾胡談薈》（北京：中華書局，2018），頁176。

而清末新式學校的邏輯，則比較接近貝克人力資本的說法，把人化為可以直接應用於生產的資本，而不是像傳訊系統，透過一種不一定跟「內容」相關的傳訊來進行。

我對「傳訊機制」的了解是很少的，而且其中有許多是我的擴大想像。不過無論如何，提到跨學科的研究，不是要成為那一科的專家，而是想藉此打開一個比較寬的視野，提醒我們問一些原先不一定會去問的問題。接著我想以它為引子討論與「廢科舉」有關的幾個值得關注的現象。

三

廢科舉是將行之近千年的一套仕學合一的傳統切斷。雖然之前經過不短時間的醞釀，是一株已經被反覆推、搖了不短時間而終於枯死的大樹。但當科舉被正式廢止時，仍然是一件驚天動地的大事，許多人都驚慌失措、如喪考妣。廢科舉在思想文化上之影響很大，目前已有的研究十分豐富（如艾爾曼〔Benjamin A. Elman〕、羅志田、關曉虹等，無法在此一一列舉）。大致而言都傾向同意自從科舉這條大動脈被斬斷之後，舊文化、社會、政治的傳統失所依恃，許多原來的社會系統崩潰，許多原先處於邊緣的或新加入的分子得以成為主流，或是成為主流之一。仕學合一傳統之中斷、四民秩序之崩潰、上層與下層社會溝通機制之中斷、「自然知識」壓過「規範知識」、士的「自我邊緣化」、思想文學的解放、多元價值觀之出現、新知識分子之產生、新式職業社會之出現、鄉紳社會之解體等都是比較明顯的現象。

我認為在「廢科舉」之後，如果以「傳訊機制」理論為引子，下面幾點是值得注意的。

第一，由於科舉是一個行之千年的選拔菁英的傳訊機制，它的中斷使得誰可以成為菁英成為一個曖昧、可疑的問題，因而產生了各式各樣傳訊機制，有的是舊制度的，有的是多元疊合，或者是各式各樣的花樣。在傳訊中斷時，買方與賣方，也就是官方與百姓都在尋找對方的存在，猜測有限訊息或謠言到處橫行。由於沒有訊息被傳達出來，人們只能用先驗猜測的平均值來當作和政府互動的基礎。

第二，「溝通符碼」的問題，也就是質問「甚麼等於甚麼」的變化，但這並不意味著這些傳訊符碼都是上位者或某些人可以任意決定的，事實上「甚麼」等於「甚麼」，總是受時代氛圍或風氣的形塑，而且它有產生有利結果的一面。有時候某種氛圍或某種風氣是由居於領導地位者所引起，譬如君主的愛憎影響一代學術風氣者，張舜徽（1911–1992）《壯議軒日記》舉例說，清仁宗時白蓮教亂平，曲阜的衍聖公具疏入賀。朝廷優詔褒答曰：「願卿昌明正學，正學明則邪說自熄。」張舜徽說，從此士大夫表彰「正學」之文盛行，如程晉芳（1718–1784）的〈正學論〉、蔣琦齡（1816–1876）的〈崇正學〉之類。張氏認為由此可知有某些時候一代學術之轉變，「又不可不取資於當時詔命也」。[19]

---

19 張舜徽著，周國林點校，《壯議軒日記》（武漢：華中師範大學出版社，2018），頁 103。

一些特殊的「符碼」，譬如八股文、小楷、試帖詩，雖也可以用來鑑別智力、學養、性情，但是如果要選拔實幹的人才，而不只是在翰林院中優游涵泳，備位清華，點綴太平，八股文等「符碼」便顯得有些牛頭不對馬嘴了。後來改試策論，時事、經濟逐漸成為考題內容，使得「甚麼等於甚麼」產生了一定的變化，後來大量考科學、西學時，「甚麼等於甚麼」又有了重大的變化。

廢科舉使得許多溝通符碼失效，許多與這些符碼相關的，也就是與八股文化遠近相關的種種政治、社會、文化都失去其依附的根據而徹底動搖了，同時也因為「舊」的動搖，每每也使得「新」的出現成為可能。不過因為是傳訊機制的中斷，是買方賣方關係的中斷，「仕學合一」的傳統中斷，與符碼有關的政治、社會、文化等元素失去附著之處，並不是徹底的被否定或排除，而是從接榫處散碎開來漂浮各處，或處於邊緣，並非全然消失。

第三，在後科舉時代，功名的傳訊功能並未完全失效。它雖不再是唯一、也不再被視為理所當然，但它可以轉換成社會聲望，或與其他有效力的傳訊機制結盟。晚清末年，許多人去日本留學獲取一個文憑，或是加讀法政或速成學堂，形成以舊功名與新功名複合的「複合傳訊」，或「接力式傳訊」。因為有各種不同的傳訊管道出現，形成了多元競合的情況，這些新的、多元的傳訊機制是甚麼、如何產生，是很值得探討的。舒新城（1893–1960）在《我與教育》中提到，他一度進「地方自治研究所」，因為當時人們認為「地方自治研究所」畢業之後即可以在地方做「紳士」。[20] 可見當時人對新的管道有一些複雜的換算方式。而且當時人際網絡的性質也產生微妙的轉變。如王錫彤（1865–1938）《抑齋自述》中所顯示的，在廢科舉之後，原來由舊功名者所形成的網絡，很快地與日本留學歸國者所形成的新功名網絡嵌合在一起，[21] 互相援引，互相合作，在官、商社會中形成新的菁英群體。

第四，在紛然並置的傳訊渠道中，有「強傳訊」、「弱傳訊」之別，兩者競爭、交織，不能簡單地以廢科舉後一切皆中斷來解釋。事實上，科舉這個持續近千年的主要「傳訊機制」中斷了之後，仍然餘音繞樑，並且與其他的傳訊渠道互相競合。[22] 所以，這整個變化是由一個穩定、單一、權威的傳訊管道，變成像「物聯網」般、許多想不到的事物都在發揮傳訊的功能，成了「無所不在的傳訊機制」。但整體而言，對大部分的人來說，廢科舉切斷了主動脈。至少對一般人來說，不再存在一個共認的標準／渠道來鑑別進入仕途的菁英，變成可能是靠關係、找推薦、拉派系，甚至拐、騙、奪各顯神通。用舒新城的話是「各奔前程」，[23] 或是用呂思勉（1884–1957）的話說，變成一個「僥

---

20 舒新城，《我和教育：三十五年教育生活史（1893–1928）》（廣州：廣東人民出版社，2016），頁 55。

21 如王錫彤在自傳中說：「李敏修為學務公所議長，王靜波為高等學堂監督。大抵由日本留學生推薦，又由同鄉京官推薦。」見王錫彤，《抑齋自述》（開封：河南大學出版社，2001），頁 125。

22 參考張仲民，〈「不科舉之科舉」—— 清末浙江優拔考及其制度性困境〉，《歷史研究》3（2019），頁 63–81；張仲民，〈「非考試莫由」？清季朝野關於己酉優拔考試應當暫停之爭論〉，《學術研究》7（2019），頁 108–117。

23 舒新城，《我和教育》，頁 87–88。

倖社會」[24]——僥倖得之、僥倖失之，不像科舉功名的階梯那樣有標準可循。後來呂思勉寫過若干文字鼓吹文官考試，多少也是對「僥倖社會」的不滿。菁英形成的管道變得混亂而不可預測，才有《鄭超麟回憶錄》中所提到的「紳士大換班」，[25]說以前的老紳士死了，誰可能替換上去，多少是可以猜到的，可是在廢科舉及辛亥革命之後，變得不可預測了。

第五，多元疊合的「傳訊機制」。我們可以比較確定地說，在廢科舉之後，確認誰是菁英成了一個困擾的問題，尤其是在地方社會。但清末官方始終想以一套比照的方式來應付這個問題，以學堂的文憑比照科舉的功名，獎勵出身、特科進士等等，名目繁多，不一而足。廢科舉之後的「比照」風，可從徐珂（1868–1928）編的《清稗類鈔．譏諷類》的「洋進士洋舉人」條看出端倪：

> 科舉時代之進士、舉人，略如歐美日本之學位。宣統己酉，學部奏酌擬考試畢業遊學生章程，中有分等給獎一條，列最優等者獎給進士，列優等、中等者獎給舉人。各冠以某學科字樣，習文科者稱文科進士、文科舉人，他科仿此。頑固之人以若輩皆自東西洋遊學而歸也，輒以異路功名視之，謂之曰洋進士、洋舉人。
>
> 遊學生既經學部考驗合格，分別等第，於保和殿舉行

24　呂思勉，〈職業教育之真際〉，載李永圻、張耕華編撰，《呂思勉先生年譜長編》（上海：上海古籍出版社，2012），頁194。

25　鄭超麟，《鄭超麟回憶錄》（北京：東方出版社，2004），頁115、119。

> 廷試，即科舉時代之殿試也。廷試須作經義一篇，題由欽命。主試、襄校、監臨、臨試、提調、收掌、彌封、庶務、監場各官，一切職掌，於向之鄉、會試情形大相類似。蓋朝廷之於學校，固仍以科舉視之耳。[26]

從這一段文字可以看出：一方面是在「學校」與「科舉功名」之間不停地附會比照，另一方面也讓人感覺清廷仍多少希望把「華袞之權」，也就是「傳訊機制」的主導權掌握在自己手裏。同時也在兩個渠道之間——一方面是以「學校」養成人才，另一方面是以「科舉」甄選人才——取得一個比照。一般百姓也如此期待著，傅斯年回憶說，他在中學堂讀書時，每次回家鄉，總有人問他「幾時出官，官有多大」，而當清廷決定停止比照出身時，一些家長便把小孩從學校叫回家。

這種雙元比照式的「傳訊」系統廢止之後，進入多元傳訊系統乃至於一團混亂的時代，官方提出的一套，百姓卻未必能全然適應。學校系統的各級學歷究竟何時成為一個比較穩定的「傳訊」系統，或它是否真的接替了科舉廢除後所留下的空白，仍然值得探討，至於民國政府的文官考試是不是形成了一個新的有力的「傳訊機制」，也仍值得考慮。[27] 事實上到今天，科舉殘留的影響仍然可以在我們的教育系統中看到。

第六，前面提到廢科舉及辛亥革命之後鑑別菁英的方式大

---

26 徐珂，《清稗類鈔》（北京：中華書局，1984），第 4 冊，頁 1678–1679。

27 請參考 Shiuon Chu（徐兆安）, "The Fifth Great Chinese Invention: Examination and State Power in Twentieth Century China and Taiwan" (Ph.D. dissertation, Department of History, Brown University, 2018)。

幅改變，造成了所謂「紳士大換班」，成為新菁英的管道變得不可預測。「傳訊機制」理論提醒我們在科舉這個持續千年的官民之間的大動脈中斷之後，應該注意「名」（norm）與「實」（reality）兩者之間競合性的發展。如果把「名」與「實」分開看，則可以發現在廢科舉之前，兩者之間已逐漸分道揚鑣了。根據一份 1895 至 1905 年間四十名上層士紳出路的統計，始終走在科場道路、在書院執教或其他「文生活」方式的僅有五人，其中有十三人曾赴日留學或考察。除該五人之外的其餘三十五人中，有十八人在學堂或學務處工作、兩人從事新軍或警務、七人曾參與公司創辦。在另一個 1895 年時平均二十三歲下層士紳出路的統計表中，僅有四人繼續科場生涯，其餘四十二人皆到國內新式學堂或日本接受再教育。[28] 1905 年廢科舉之後，雖然在「名」的層面上，學校教育系統取代了科舉，成為培養人才的管道，文憑成為新的傳訊機制，而且也相當大幅地替換了科舉。但是 1920 年代的社會對於學校系統，有種種的不放心，一方面希望用「會考」來保證其教育水準；另外，還有督學對各級學校的監督，在國民黨北伐成功之後，也渴望高普考成為像是舊科舉那樣的掄才大典，然而實際上，高普考出身而擔任高官者不如預期的多。[29] 所以實際上不一定是 A → B → C 的遞嬗，反而是一些原不在科舉、學校範圍內的傳訊符碼出現了。譬如

---

28 應星，〈社會支配關係與科場場域的變遷——1895–1913 年的湖南社會〉，載楊念群主編，《空間．記憶．社會轉型：「新社會史」研究論文精選集》（上海：上海人民出版社，2001），頁 224–238。

29 徐兆安，〈以考試清算學校——1920 與 1930 年代中國的教育破產論與會考實驗〉，《中研院近史所集刊》，期 116（2022.06），頁 47–95。

五四運動中的各級學生領袖，所謂「吃五四飯的」，成為新的青年菁英。後來在主義盛行的時代，「主義者」或「黨證」成為新的、強勢的傳訊憑藉。

在葉聖陶（1894–1988）的《倪煥之》中，北伐的風潮吹到江南小鎮，素行不良的豪紳蔣老虎（蔣士鑣），他懂得外面的新風潮正萬馬奔騰地衝過來，而加入新的革命黨是成為新的領導菁英的前提。他開始焦急地對他平時經常責罵的兒子、已經加入革命黨的蔣華說：「民國元年，我也加入過國民黨，現在還是要加入，你就給我介紹一下吧。」蔣華說：「我這裏有空白表格，填寫了就可以去提出，待我解釋一下，諒來一定通過。」當蔣老虎一再表示擔心時，蔣華說：「革命不是幾個人專利的，誰有熱心，誰就可以革命！」[30] 新的識別菁英的「傳訊系統」，是靠一張「黨證」而不是科考，也不必擁有多少財富，甚至不必為地方做過甚麼貢獻。正如蔣華說的，唯一的資格應該是「誰有熱心，誰就可以革命」。果然，地痞蔣老虎不久即在革命軍到達小鎮時站在最前列。

在茅盾（1896–1981）的《子夜》裏也提到了黨證作為一種新的傳訊符碼，「一瞧那黑色硬紙片，就知道是『中國國民黨黨證』；這一樂非同小可」，有這張黨證的，即可稱「黨老爺」，對內可以威懾父親，「他知道有了這東西，便可以常常向老頭子逼出大把的錢來放開手面花用」。[31] 至於對外，茅盾刻劃得很好，「我是有黨證的，我想到甚麼衙門裏去辦事！」以前的說法應該

30 葉聖陶，《倪煥之》（北京：人民文學出版社，2008），頁 220。

31 茅盾，《子夜》（北京：人民文學出版社，1978），頁 103、105、104、287。

是，「我是有科名的，我要到甚麼衙門去辦事！」

如果用「傳訊機制」的角度來考量，那麼民國建立之後有許多摸索的情形，便不再只是笑談，而是很值得注意的歷史現象。如 1914 年，北京「考知事」，參加者數千人，大多是前清耆宿。[32] 又如 1925 年，湖南趙恒惕（1880–1971）為澄清吏治，也隆重舉辦考縣長，並請章太炎（1869–1936）為考試委員長，報名應考者四百五十餘名，預定錄取六十人。考試分甄錄試、初試、複試，前兩者為筆試，複試為口試。第一場所出論題為「宰相必起於州部論」，第二題為「問區田防旱，自漢至清皆有成效，今尚可行否？」[33] 當時頗引起許多新派人士的嘲笑。

第七，何炳棣（1917–2012）形容科舉制度是「成功的階梯」，非常鮮活地描繪出它的特質。尤其是科舉成功的本質，是一種從秀才、舉人、進士，逐級而上的「縱向機制」。它的傳訊機制的設計是特殊的，基本上依靠文章的好壞而決定是否錄取，在整個過程中，幾乎只是靠著考官及試卷之間的單獨溝通，考生獲得功名與否，跟他平時的行為是否合乎規範、是否與他人通力合作、是否參與地方事務、是否組織社會工作、是否參與慈善事業等毫無關係，所以我形容這是一個「縱向型」管道。但廢科舉之後，出現了一些新的傳訊機制，帶有橫向動

32 「北京考知事者數千人，以知事資格送驗者數千人，加之政治議員、約法議員，率皆前清耆宿。一班清流名士，搜訪無遺……今大局漸定，一班青年志士死者死、逃者逃，中央不一顧及，乃搜求一班亡國之清流以為坐〔座〕上客，又甄錄一班嗜進無恥、熱衷利祿之恒流以充塞庶位，欲以勤求治理，殆其難哉！」見王錫彤，《抑齋自述》，頁 203。

33 湯志鈞，《章太炎年譜長編》（北京：中華書局，1979），下冊，頁 818–820。

員、組織的特質，如黨人發動群眾、組織群眾，其他在職業社會中成功的管道亦每每與人群的各種活動有關，所以形成了我所謂的「橫向社會」。在當時許許多多新傳訊機制都有往「橫向」發展的特質。

第八，前面已經提到應該把「名」與「實」分開來考慮相關問題，來關注實際發揮「傳訊」功能的是哪些符碼，也就是廢科舉之前與之後真正發揮「傳訊」的是甚麼力量，則有賴於史東所說的「人群學研究」，包括從人群學的履歷分析中，看出甚麼才是真正產生菁英的傳訊符碼。[34] 這份工作並不困難，我認為第一個可以著手的工作是分析民國以來不同時期所編印的各種「名人錄」，如橋川時雄（1894–1982）的《中國文化界人物總鑑》，其中所開列的履歷提供了豐富的樣本可供分析。此外，如南京第二歷史檔案館所編的《民國人物大辭典》，或陳玉堂（生於 1924 年）的《中國近現代人物名號大辭典》，或國史館所編《國史館現藏民國人物傳記史料彙編》，不一而足。由其中所開列的履歷進行人群學的統計分析，即可以不太費力地了解在廢科舉之後，舊功名人士後來的出路以及新傳訊機制等相關問題。譬如了解在某一個特定的時間點，「社會菁英」的出身如何？舊功名人士在何時逐漸消失於歷史舞臺，新學堂的學生何時接管了原先功名之士的地位，成為社會菁英的主角？留日學

---

34 我認為近代中國經歷幾次大變之後，士人的生涯安排出現了不循故常的軌跡，最為重大的有幾次，如甲午戰敗之後，一大群士人選擇放棄早先士人的生涯軌跡，只要略略搜讀一些年譜，即可以看出這個變化，如譚嗣同（1865–1898）在甲午之後放棄考據方面的興趣。另一個生涯安排方式的重大變化是廢科舉前後。在廢科舉之後，原先擁有各級功名的人，其履歷的軌跡亦產生大變化。

生及留學歐美的學生呢？以上各種身分的複合體（即一方面具有舊功名，同時又留學日本，雙重出身的讀書人）呢？各種軍校、黨校畢業的學生呢？除了上述之外，人們通常透過甚麼樣的網絡獲得菁英的地位？

從許多年譜、日記中也可以看出一些端倪，如井俊起（1875–1958）的《雪苑戇叟憶往》中便有一些比較簡單的觀察。井氏似乎相當關心當時政、軍、官場及其他方面人物的出身，所以每當他提到某人任某職之後，往往會附加一筆說明對方係何種出身。從這本小書中可以看到舊功名人士→舊功名兼留日→以上人物加上法政學堂、各種師範畢業生→新學堂學生→留美學生、軍校畢業生，依序出現在歷史舞臺上。[35] 當然這只是一個大概的情形，上述人物往往同時活躍於官場，而北伐之後黨國體制的形成是一個重要的斷限。從此以後，許多原先佔有菁英地位的人物，因為無法進入新的黨國體制中而被逐漸邊緣化了。

結論

正如我在本文一開始所提到的，跨學科的資源不是為了指導我們如何研究，而是作為同行的夥伴，其任務之一是提醒我們忘了關注哪些現象，並問一些我們早已忘了怎麼問的問題。從這種伴行的關係中，是不是能夠幫助我們注意到原先因為種

35 中國人民政治協商會議河南省委員會文史資料委員會編，《雪苑戇叟憶往》（鄭州：中國人民政治協商會議河南省委員會文史資料委員會，1990），頁 17–93。

種原因而忽略的層面及問題。

本文試著用傳訊機制提供一套分析語彙，來討論廢科舉與近代教育的研究。過去若干有關這個問題的分析框架往往停留在一種機械式的功能論上面。稱頌變革者，固然認為變革應於時用，所以理所當然；質疑變革者，也未嘗不是以「舊系統也有其功用，新政策不見得那麼有用」等說法來作辯護。圍繞韋伯式問題的討論亦然：韋伯（Max Weber, 1864–1920）認為科舉所考的內容是經典，不是專業化的知識，所以不理性；反對者則認為，經典知識以及文辭技巧，都是可以轉移的知識，可以在帝制社會行政中應用，所以有其理性。這些討論，都預設了「用」可以直接認知，測量，判斷。傳訊的概念，讓我們懸置這種預設，去把握人為決定與事物內容之間種種的關係。當然傳訊之成立，也鑲嵌在特定的社會脈絡裏面，不是完全的隨機。

本文是從思考一個常見的歷史問題開始的：任何涉及人群與人群之間的事務，不管是官與民，聘方、受聘方，買方、賣方，甚至是大橋下等候青睞的零工，在大部分的時候，是不可能一一實際接觸的，其才能是不透明的，一切是未知的、不完整的，無法單獨說明自己的。對於甚麼是才能的定義也是變動不居的。因為上述特性，所以如果是在人群中涉及甚麼是才能、如何選擇人才，甚至「甚麼是真理」，也往往不是「天經地義」或「從天而降」的，它們往往需要靠第三者，靠一種「第三者機制」作為溝通的平臺，科舉或其他許許多多的制度即是例子。

第三者機制涉及許多問題，如「溝通符碼」的內容及其形成等。借助「第三者」機制，或許可以幫助我們推測歷史上許多制度的形成、運作及其限制。借助「傳訊機制」理論，是希望能增加一些觀看歷史現象的視角，看是不是能提醒自己一些原來不會問或不這樣問的問題。如果把「傳訊機制」中的賣方與買方、聘方與受聘方等轉換成科舉考試中的官方與考生，或是轉換成其他許許多多我們在官、私場合都會碰到的性質相近的境況，是不是可以得到原先為人們所忽略的視角與看問題的方式？

最後，我要強調：「傳訊機制」是無所不在的。一個公司如果過度提拔創造短期獲利的員工，它所造成的傳訊效果，可能使得公司上下趨於短利而有不好的後果；[36] 一個政府如果過度提拔作風嚴苛的官吏，也將會造成政治風格的變化；如果政府反覆表揚貞節，那麼社會風俗也將隨之而變，不一而足。所以，人們可以運用傳訊機制來考慮歷史現象的地方是很多的。正如我在本文中一再強調的，對於經濟學的「傳訊」理論，我只有皮毛的了解，基本上是以它作為一個「引子」來開拓我的思考。所以，本文中引申、想像的內容已經遠遠超出經濟學傳訊理論的範限。我只是想用這個例子，來說明到別的學科去吸收一點養分是有益的，歷史工作如此，思想史亦是如此。

---

36 Spence, *Market Signaling*, p. 78. 史彭斯認為有九個有關市場傳訊機制的問題，值得進一步探究，見前引書，頁 110–111。

思考與讀書*

前言：杜威的「思維術」

孔子（前551年–前479年）說：「學而不思則罔，思而不學則殆。」所指的就是「思考」與「讀書」。探討「學」跟「思」的關係，令我想起杜威（John Dewey, 1859–1952）在1910年的著作——《思維術》（*How We Think*）。這本書的影響力很大，胡適主張的「大膽假設，小心求證」，顯然是來自杜威的影響。胡適在哥倫比亞大學時，即是杜威的學生。

杜威《思維術》提出了思考的五個步驟。這五個步驟傳播很廣，在新文化運動之後很長一段時間，許多人們隱約好像有一種想法，認為應付萬事萬物，只要運用這五個步驟就可以了，不需要甚麼哲學方法論。關於杜威的思維術相關材料很多，此處不贅。大抵而言，它包括：一，疑難：思想的起點是一種疑難的境地；二，問題：確定疑難之點究竟在甚麼地方，提出問題；三，假設：假定種種解決疑難的方法；四，推理：

---

* 本文是我在香港城市大學等地演講的紀錄。在收入本書時，曾經大幅改寫。

把每種假定所含的結果，一一想出來，看哪一個假設能解決問題；五，驗證：證實這種解決使人信用，或證明這種解決的謬誤，使人不信用。

胡適接觸的杜威是在 1910 年前後的階段，杜威於 1930 至 1940 年的思想風貌就變得很不一樣，所以二人的思想其實差別很大。杜威有大量的著作，而且每隔一段時間就有學者從他的學說中找出新的東西，當中有與胡適所認識的杜威不相同之處。例如杜威強調社群（community），因為在民主自由裏社群是非常重要的，但胡適對此較少發揮。杜威來華做過百多場演講，都被集結成書。他在《思維術》中提出五個步驟，對近代中國影響很大。我認為跟杜威同屬實驗主義的威廉．詹姆士（William James, 1842–1910）是美國近百年最出色的思想家之一，其代表作《實驗主義》（*Pragmatism*）令他與杜威常被後人並列在一起。威廉．詹姆士的思想十分深邃，而且深受東方思想影響。他在書中指出思想就像一張支票，能兌現的才有價值，不能通過驗證的便一定是錯誤的。

一、「思考」的九個境界

透過參考不同的資料再加上個人見解，我總結出以下九個「思考」境界。它們不需按次序出現，能同時發生，並且是可以隨時運用來檢視思考方法的。[1]

1. 形成問題

即把一件事情或東西問題化，能不能形成具有發展方向及潛值的問題是最為關鍵的。如果能辦得到，其實代表問題已經解決了一半，很多學術論文不好也是因為沒有問到好問題。禪宗大師只要看弟子的問題便能了解其心靈狀況，宋明理學中「問」跟「答」也同樣重要。能在學術史上地位超然的學者大多能在一片沒條理的材料中找出有意義的問題。在我求學時，臺灣出現了研讀柯靈烏風潮。受此影響，我讀了很多他的著作，特別喜歡他的自傳，因為那是他在生命結束前，對其一生的思想重新整理了一次。他在當中多次提及一個很簡單的觀念，他稱之為「問題」跟「答案」的邏輯。譬如，當一架汽車在半途故障，我們不能只打開車蓋看看，這樣永遠也無法修好它，而是要透過不同的跡象去作初步評估，嘗試找出可能是這裏出問題，或可能是那裏出問題，才可大大提高修復的可能性。

2. 因為關注，進而形成自己的初步思路

有了問題不去理會也是不行的。要解決便必須關注問題，進而形成自己的初步見解，不管是主見或偏見。這是萌芽的

1 在形成思考九境的想法時，我受益於梁漱溟 1928 年的演講〈如何成為今天的我〉。

過程，由此才可能向下生根，向上發葉開花。梁漱溟（1893–1988）提出：「何謂學問，有主見是學問，遇到問題茫然無知，便是沒有學問」，因此在面對問題時必須要提出自己初步的看法，才可以向前走。

3. 發現自己不能解釋的事情，或發現了事物現象中的矛盾

發現自己不能解釋的事情，或在事物現象中發現矛盾。這大約是禪宗所謂的「起疑情」，指的是當發現見解或看法未能說出道理，或當中含有矛盾，但不願意輕信他人時，便要去尋找自己的答案。我個人認為研究學問比較有意思的階段是在創思、收集資料的過程中出現疑問，而出現與原先約定俗成之見不相容的疑問時，往往是通往更有意義的發現之時。尤其是當發現了表面的矛盾，但再提高一步去解釋的時候，便認清它們並不是真的矛盾；尋獲一個能解開矛盾的方法時，其實已成功地避免了人云亦云，破除了約定俗成之見。因此，不能解釋的事情，又或是你提出的解釋跟證據看似有內部矛盾時，其實便構成了思考的契機。

諾貝爾生理學或醫學獎得主、日本科學家山中伸彌曾指出，就是因為遇到不能解決的困難，令他必須另找方法和出路，所以後來才給他帶來可貴的成果。原來日本對基因研究的法律管制十分嚴謹，進行研究時胚胎幹細胞就存放在他的實驗室附近，卻不容許使用。這令他不得不以皮膚細胞組織取代，結果成功找到突破。這說明遇到困境的時候，其實就是一個刺激思考的契機。

4. 為解決疑難、矛盾，故「坐集古今智慧」以求理解

為解決疑難、矛盾，將各種見解、資料加以融會貫通。在面對難題時，可運用方中通（1634–1698）的名言：「坐集古今智慧」，即必須想盡所有的辦法、作不同的嘗試，務求找出答案或解決問題的方法。

5. 心虛思密

在思想的過程中懷有虛心的態度是十分重要的，要知道自己的不足，相信別人有一技之長。例如作為領導，必須把任務委託給合適的人（知道個人力量有限，不可能做所有的事情），並相信下屬會把工作做好。此外，相信思考、知識的境界是一層一層像螺旋般往上延伸的，所以不能自滿，保持虛心，以求更上一層。

6. 組織形成線索，以簡馭繁

組織、形成線索，然後以簡馭繁，這就好像是把散落在一地的銅錢用繩子串起來一樣。這方面可以舉的例子很多，我總覺得在深入紛繁的事象之後，應得出一些線索，以簡馭繁，免得淹沒在細節中。我的中研院前輩同事石璋如院士，九十多歲時仍孜孜不倦地做學問。其學術專長為殷商考古學，他習慣了隨身帶著尺子，東量西量的，不斷搜集資料。在他彌留時，呼吸已快停了，但仍沒閉上雙目，兩位跟隨他工作幾十年、負責

考古線描圖的同事很了解他，見狀便馬上跟他說，所長已交託同事為他完成他的那些那些書，他才安心地閉上雙眼。石院士愛用很簡單的語句來概括複雜的考古發現，組織起來然後編成了口訣。旁人任何時候問他有關殷商考古的東西，他便會先把口訣唸一次，然後就很清楚地一一道出當中的細節。石院士的記憶術，令我領悟到思考的另外一個境界，是必須運用組織力構建思路。

7. 運用知識、見解來解決問題

能運用所得知識和見解來實際解決問題。正如上述談及杜威《思維術》中的步驟五，也就是實驗主義所提倡的「實驗」。例如一位工程師需要運用所得知識去蓋出不會倒塌的樓房，當中涉及「執行」的部分。正如臺灣在執行垃圾費隨袋徵收後，垃圾量大幅減少。這最初只是出於一個官員的想法，而在實際應用後，有了極大的成效，證實了起初的想法能夠成為解決問題的方法。正如在做學問研究時，得出想法後也需要不同形式的論證或測試，才能確定能否站穩陣腳。

8. 綜觀全局

以上所說的有可能都是局部的思考或分頭進行，但到了某個階段便需要綜觀全局，把視線拉高，用鳥瞰式的視點去觀看點與點之間的關係，即「淩神以御太虛」，或孟子（前 372 年－前 289 年）的「觀水有術，必觀其瀾」，意思是在看水的時候，要看它如何從點滴形成波瀾，不能只在近距離看一小點，需要宏觀其成長、變化。杜甫的詩句「會當凌絕頂，一覽眾山小」，所指的也有這方面的意思。

9. 達致「通透」

在思考時要能做到既拘泥又能不拘泥，這是思考九境中最後的一個境界。龔自珍曾說從事歷史研究需要「大出入」，所指的是既要能進入歷史的細節，但也要時時出乎其外，不能只在內部的細節中打轉和糾纏，否則有可能會得小忘大或走錯方向，甚至在整個情境已經改變時，也沒有發現這個變化。

我曾在晚清的筆記小說看到一個故事。英法聯軍第二次攻打中國的時候，恭親王（奕訢，1833–1898）坐鎮被佔據的北京，一眾大臣商量並議決依據歷史上的慣例賠款及割地等，作為敵軍撤退的交換條件。突然，一名低級的小官員指出聽說西方人在意商貿，所以或許只需付錢不用割地，便可以成功要求退兵。大家才恍然大悟，省去了不必要的損失。由於大臣們都拘泥於歷史的慣例，所以未能指出其實無需將其應用在要求西人退兵這件事情上。此事說明了思考還得要做到「大出入」，通透貫通，才可以確保之前的假設和思考方向沒有出錯。

二、讀書

正如我在開始時所說「學而不思則罔，思而不學則殆」，「思考」與「讀書」其實是互通的。過去有不少學者也為自己訂立「一生的讀書計劃」，例如胡適便曾提出「國學必讀書目」，但現在已很少見了。然而我認為作為一個現代人，有些基本的書還是要讀的，所以讀書計劃仍是有意義的。現代人慣用網絡，但我還是喜歡實體書。購買書本往往包含了對未來的一個期待，例如預期將來的研究會用得著某些書。

關於「讀書」，我想分兩個部分來說，首先是文本閱讀方面，我將介紹朱子的讀書法，接著是一般的態度方面，我將提出幾點主張。

為甚麼要講朱子讀書法？我覺得朱子非常會讀書，所以從南宋以來經常有人要讀他的讀書法，如宋代張洪（活躍於十三世紀）所編的《朱子讀書法》、如錢穆的《學籥》。我依稀記得余英時先生於 1990 年在《中國時報》有一篇〈我的讀書方法——怎樣讀中國書〉中，也屢屢表彰朱子論讀書語。我個人覺得就文本閱讀而言，《朱子語類》中的若干部分真是見道之言，故摘引如下。

書中含藏了寶貴的道理、知識，有很多的期待與嚮往、好奇，讀書像是將它們解開、去除遮蔽，讓珍寶澄明的過程，故朱子說：「未見得道理時，似數重物色包裹在裏許。」而且讀書時要非常專注、集中，看這一段好像不知有另一段，看這本書好像不知道有另一本書存在。朱子說：「看《論語》如無《孟子》，看上章如無下章。」又說：「且如看《大學》，如都不知有他書相似，逐字逐句一一推窮，逐章反覆通看本章血脈，全篇反覆通看。」而且看過之後，還要在心中玩味、涵泳，「《論語》一日只看一段，大致明白底則看兩段。須是專一，自早至夜，雖不讀，亦當涵泳，常在胸次，如有一件事未了相似，到晚卻把來商量。但一日積一段，日日如此，年歲間自是裏面通貫，道理分明」。

朱子認為讀書時，不能有先入為主的意見橫在心中，而應要敞開心胸，看書本要向我們開示甚麼。所以他用了許多生動的形容詞，說：「皆要放開心胸，令其平易廣闊。」又說要「撞著」，書中的知識與我們的心「撞」在一起；要「挨」——我們「挨」在文本聆聽它要說些甚麼；要「秤」——像是買菜賣菜的人，謹慎小心地秤過每一個字；要反覆「諷頌」、要虛心「涵泳」；要「令此道為吾所有」、要「自有無窮之味」。他又說：「只是除卻自家私意，而逐字逐句，只依聖賢所說，白直曉會，不敢妄亂添一句閒雜言語，則久之自然有得」；「大凡讀書，須先認識他本文是說箇甚麼，須做不曾識他相似，虛心認他自分明後，更看數遍，自然會熟見得分明」。

讀書時必須通透深細，字字不放過。他說：「端坐熟讀，久之於大字邊自有細字迸出來，方是自家見得」；「看文字，正如酷吏之用法深刻，都沒人情，直要做到底」；「看文字如此捉賊，須於盜發處，自一文以上贓罪情節，都要勘出」。簡直要吃透這些文本，所以朱子用了若干話來形容這種態度：「將此心葬在此書中」、「將心貼在書冊上」、「作焚舟計」、「作相別計」。也就是說要參透整個文本，好像永遠不會再見到它，又好像坐小舟登岸之後，即將小舟焚毀不再回頭。

前面集中在個別文本的閱讀方面，在此之外他還有許多設想，譬如他認為讀史時要觀「事理」、「事情」、「事勢」。即是不能只在深入個別的史事或文本之後，像研讀史書時，還要進一步把握「事勢」、「事理」。

接著我要根據個人的經驗，再提出三點。

1. 入於內，出於外；入其細，觀其大

記得我在留學期間，有一門課要求學生每週讀六至七本指定參考書，班上沒有同學可以完成，即使勉強讀完，也很快全忘記了。讀書報告的分數幾乎每次也都輸給一位不那麼用功的同學，後來才發現，這位同學是經常先翻書後的索引，找出哪些人物或事情在該書中出現得最多，再回去讀書，所以比較不會汨沒在無邊的細節中。當然，我舉這個例子（先翻索引）並不是很恰當，只是要用它來強調單單專注、浸淫在無邊的細節中，每每只能「入其細」而不能「觀其大」。

2. 帶著問題讀書

蘇東坡有一句名言：「舊書不厭百回讀，熟讀深思子自知。」他曾指出讀過《史記》很多遍，但每次仍深有所得，這是因為他每次都帶著一個問題去閱讀它。毛澤東（1893–1976）的秘書在《毛澤東的讀書生活》一書中多次提到毛講蘇東坡的讀書方法，他本人更提出「不動筆，不讀書」，所指的是在讀書時必須做標記或節錄重點。曾國藩（1811–1872）在他的日記中則

說「不終卷，不讀書」，意思是指若沒有打算把書從頭到尾讀一遍，便不要開始讀。我則認同上述這些人的讀書方法。

3. 既學習又創造

近二十年來，因為網絡的力量實在太大了，獲得知識的方式既快又便捷，許多問題的答案或古籍的出處，一查就出來了，所以現代人再也不是單純為了取得資料而讀書。過去追求的博學已不合時宜，現在強調的是在學習的同時，要以創造性的角度去吸收資料，看待知識。

三、讀書與興趣

最後，跟大家分享一些古人較具特色或有趣的讀書習慣。

東漢軍事家曹操（155–220）的出身不高，自小立志脫離窮困，所以刻苦讀書。史書記述他為求好好讀書「以泥水自蔽」，只在書房四周挖水溝，把自己圍起來與外界隔絕，不隨便離開及受影響。明代張溥（1602–1641）把書齋取名為「七錄齋」。他勤奮好學，讀書必手抄，然後焚毀抄本，如此重複七遍，直至完全掌握內容。他認為沒有用手抄一遍等於沒有真正讀過該書。我也認同在手抄的過程中，更能細味或體會當中的意義。蘇東坡也說過類似的話。在古代並不容易得到書，木刻板印兩三百次便會壞掉，很多人跟隨老師除了學習之外，還是為了讀老師的藏書。

康有為主張「日畢一書」。他每天早上也用力把裁縫用的小錐子用力刺進線裝書，錐子刺到哪一頁，當天定必讀完，反映他愛讀書和自律的精神。孫中山上海的故居放滿他的藏書，可見他的一生除了熱衷革命之外，便是熱衷於讀書。後人把他晚年的藏書編成目錄，發現當中有不少關於軍事的書本，反映當時他的雄心壯志，透過藏書可以看出他的期望。錢穆曾提出一本書若沒有經過一百年的考驗，不要讀。年輕的我聽了覺得這見解非常荒謬，書應該是愈新愈好，讀後才能吸收最新的知識。到了現在我才明白經不起時間考驗的書，大多只需泛覽，未必有需要深入仔細閱讀的價值。作為一名歷史工作者，我往往花較多時間去看史料性質的書，腦海裏常常會出現一個意象，那就是認為書本中有一個小小的秘密在等者我去發掘。這不單能引起我讀書的興趣，更能在閱讀的過程起著鼓舞的作用。這個秘密並不足以致富，也不一定能令你寫出一篇了不起的論文，但總包含了有意義、有價值，或者是你之前不懂或沒有預期能找到的東西。

在現今的數位時代，我常常強調要分辨清楚「查書」和「讀書」，兩者是相當不一樣的。前者是瀏覽片段式的知識，後者是有重心的深入了解。我常開玩笑說：「現代人過的是 USB 的人生」，即插進電腦大量的東西自動跑出來，但是一旦拔掉 USB 便甚麼也沒有了。我在中研院任職時，長時間擔任開發各種數位資料庫的工作，我幾乎每天也在推銷電子資料庫，但我依然不斷提醒使用者，必須弄清自己是在「查書」還是在「讀書」。歸根究柢，「書是要讀的！」

四、「學」與「思」

我認為理想的狀況應該是「既學又思」，即必須邊學習邊思考，邊思考邊學習。正如我開始引述了孔子所言的「學而不思則罔，思而不學則殆」。有人問毛澤東，在中國傳統觀念中，有沒有值得保留的好東西？他特別指出了《中庸》中的「博學」、「審問」、「慎思」、「明辨」、「篤行」。確實，無論做甚麼事情都應該注意這五點。

除了「學」與「思」之外，我認為必須加上「行」，做到三者合一。我們往往對某些事情有過體驗後，才能更深入理解。我常常跟別人開玩笑說，自己當了接近七年的副院長，我對「副」這個字體驗很深，所以若要我寫歷史上「副」職的官，我一定能說得比其他人更深入。若只靠閱讀公文、看官僚制度等，或可以掌握某個程度的東西；但有真正的體驗，便相當不一樣了。因此，不單「學」能應用在「行」上，反過來「行」也會回過來改變和影響「學」、「思」，提升我們的認知能力。

下篇

思想史訪談錄

思想的背景

問——謝偉傑
答——王汎森

問 在進入思想史的訪談之前，能不能先談談您早先在史學上的摸索？

答 我離正式退休還有幾年，離正式退出研究工作也還早，而且我也覺得自己沒甚麼特別的成就，所以還不是盡情回憶人生種種曲折頓挫的時候，這裏只能簡單地談一下。

我原本並沒想過要做思想史。讀大學時，我曾經受胡適的影響，想用我手上的通鑑及一部正史，編成一部正史索引。胡適當年在〈《國學季刊》發刊宣言〉上是這樣說的，「學問的進步不單靠積聚材料，還須有系統的整理」，而且應該進行（甲）索引式整理、（乙）結賬式的整理和（丙）專史式的整理。在（甲）這一項，他歷引章學誠（1738–1801）等人的話，說明「索引式整理」的重要。我記得他說，沒有這一步工作的「國學止限於少數有天才而又有閒空工夫的少數人」。在臺灣當時的氛圍中，年青人對於現狀很不滿意，總覺得應該做些「推進」性的工作，所以我便受胡適的影響，想做「索引式整理」。我請「仙人掌」的負責人弄來一批紙片，並動手把《陳書》索引的初步工作做成了。

但是我有一次和同學到鄭欽仁老師家談天。我提到我正在做這個工作時，鄭老師並未積極接腔，使得我開始懷疑這個工作的價值，後來計劃也就胎死腹中了。不過，或許是因為鄭老師留下了這個印象，所以每次有日本學者的正史「語彙集成」出版時，他都會順手拿給我看一看。這一個流產的計劃也有點用處。當我第一次與內人見面談到《史記》時，我隨口說了一句，章學誠說應該編一個「史記別錄」，把《史記》各處互見的內容做成索引，便於參互閱讀，這句話可能令她對我留下一種好印象。

後來又有一段時間，我興起了想寫一本《明論》的狂想，原因是王夫之（1619–1692）寫了《讀通鑑論》、《宋論》，但未寫明代。歷史編纂是一個「接力賽」，這個工作不是應該由我來完成嗎？不久前我在給學生上課時，談到《宋論》中講趙匡胤（927–976）這樣的人居然得到天下，王夫之用了「天」字來形容，無意間才又想起年少時的狂想。

學生時代我很少上課，和老師們也不熟悉，真正親近的只有幾位特定教授。不知受了誰的影響，從某個時候開始，我有寫下「問題單」及相關問題的初步史料的習慣。這些亂七八糟的材料，我在檔案櫃中還存了一些。現在看來，這些東西大多沒有價值了。許多當時我認為很重要的問題，現在看來也已經「新陳代謝」了，沒有任何再進一步探討的價值。現在偶爾翻到檔案夾中那些稚嫩的筆札時，我注意到在這個胡亂求索的過程中我有一個由中古轉向近代，由社會政治史轉向學術史、思想史的變化。譬如當時我一度著迷於魏晉南北朝時南北交聘的考證——當時有一點猜想，認為將來兩岸恐怕也會有雙方交流。不過當時關注的問題後來慢慢褪色，而且從此從腦海中消失了。

我在當時比較親近的是鄭欽仁、李永熾等幾位老師。鄭老師有大量中古史的中、日文書，我經常向他借閱。此外，鄭老師是徐復觀（1904–1982）先生的入室弟子。徐復觀從臺灣搬到香港時，編有一份藏書裝箱目錄，其中有大量在當時臺灣圖書館沒有或不准借閱的書。鄭老師把書目借給我，這也是我大學時借書、讀書的重要參考。

有一段時間，我因為受陳寅恪的吸引，很想跟著鄭老師深入鑽研中古史。然而當時臺灣正在醞釀政治解嚴，在自由主義的風氣下，人們熱切地摸索著前途。在這個風氣之下，我在無意間逐漸轉向近代思想。所以後來我經常向李永熾老師請教，並成為他所指導的碩士生。

問　由於您前面一再提到，能不能多談一下 1980 年代臺灣的氛圍？

答　1980 年代的臺灣是一個極為動盪的時代，在動盪中，人們對未來的命運相當不確定。記得當時認識了一位後來成為哈佛大學講座教授的朋友，他答應我回到美國之後，如果發現臺灣的國際情勢異常危險，他會給我寫一封信，並在信中到處使用「驚嘆號」。如果我收到這樣一封信，便應儘快出國。我始終未收到這一封信。不過在動盪、摸索前途時，人們會到處採獲，見各樣的人，了解各樣的思潮，讀各樣的書，這些知識恐怕比課堂中的學習影響更大。

問 為甚麼走到思想史的路上來？

答 其實我本來對整個廣義的人文學科，以至各種亂七八糟的學科都有興趣。最後逐漸地以歷史為集中點，可說是一個自然而然的過程，沒甚麼特別的理由。那麼，怎麼走到思想史的路上呢？前面已經略略提到，不過這主要還跟當時整個臺灣人文學界流行的風潮有關。我常感覺到，歷史上很多人物，常常說自己遠眺千古、遠思某人。但是，最初還是受時代的大風潮影響。

其實我原來不是要做思想史的，更沒想過要集中到明清以下至民國這段歷史來。前面提到，我最初的研究方向是比較偏向宋代以前的歷史。我還記得要去美國留學的申請材料中，研究計劃書就是以戰國、秦漢的歷史為主題的。所以最先想做的，還是比較早期的歷史。

但我大學、碩士班那個階段，臺灣正好受到余英時先生、張灝先生（1937–2022）、林毓生先生（1934–2022）等幾位思想史家所引領的思想史熱潮影響。他們鼓動起一個熱潮，使得大家對思想史，或說廣義的思想史和學術史有很大的興趣。我個人也是受到這個風潮影響的一員。

你也知道，余老師做的主要是明清以來的思想史，而張灝先生、林毓生先生都是做現代思想史的。所以我受他們的影響，研究慢慢集中到了明清與民國時期，這中間的發展過程，多少與當時他們帶動的學術風潮有關係。

問　在臺灣大學求學期間，有沒有哪位老師或是哪一門課對您走上史學研究有特別的影響？

答　其實在臺大唸書時，我是個不大上學的學生，主要是自己讀書，因而閱讀了不少史書與各方面的書。我基本上都是從圖書館借書，加上自己的藏書，自己摸索出來的。當然，許多課都有收穫，但是這裏沒辦法一一羅列。說來你不信，有幾位學術上並沒有特別表現的老師所教的課，譬如西洋近代史學，到現在還在我腦海中留下印象。

問　為甚麼會選擇到美國攻讀博士，並投到余英時先生的門下學習？

答　我到美國讀博士也是受當時的風潮影響。在當時的臺灣，赴美求學是個風潮，所以「風」對人的影響真的很大！好像不必思索似的。反正就是在臺灣唸完學士和碩士，然後當完兵就去美國唸書，畢業後看是要回來臺灣還是留在美國。這是當時臺灣的潮流。所以一個時代有它的價值等級跟它的風潮，舍勒（Max Scheler, 1874–1928）說每個時代都有其「價值等級」，臺灣當時的「價值等級」就是在本地讀完大學，然後就去美國讀研究所。讀完之後，有很多人回來，也有很多人留在美國發展。現在的臺灣就不一定了，很多年輕人留在本土讀博士，而且讀完後找的工作亦不差，以前那種留洋跟不留洋好像是天淵之別的時代已經過去了。

我還記得以前整理傅斯年先生的資料時，當中看到顧頡剛先生（1893–1980）寫給他的一張明信片。其大意是當時傅斯年要留洋讀書，但顧頡剛卻沒有辦法出國。因此，顧跟傅說，他對於到外國求取知識，飢渴得要死，希望傅到了西方以後，還能經常寄些書刊之類的資料給他看。這個對西方新知識「飢渴得要死」的想法，在以往一段時間是一個風潮。臺灣當時還是在這個風潮之下，所以留洋、到美國攻讀博士，對當時的我們來說，是一條自然而然要走的路。

我碩士畢業以後，就到中研院史語所當助理研究員。當時中研院招收了一些只有碩士畢業的人。我記得，多年後當副院長的時候，我跟翁院長（翁啟惠）開玩笑地說，以他所知，至少有三個人都是碩士畢業以後進來的，一個是他自己，另一個是前任副院長劉翠溶，還有一個就是我了！我們三個都是碩士畢業後就進中研院的。當然，後來翁院長去了麻省理工大學讀書，劉翠溶去了哈佛，我去了普林斯頓。這個現象真的非常有趣。在後來，碩士畢業能夠進中研院的例子就愈來愈少了，變成一定要有博士學位才行。所以，我以碩士的身分進入史語所工作，大概兩年後便出國去唸博士了，這在當時好像也是自然而然的事情。

至於為甚麼投到余英時先生的門下學習？我想，當時余先生在臺灣，以至在整個華文圈都享有極高的聲望。尤其是我作為一名學生，感覺他有很高的成就和地位，也有很大的影響力，也讀了很多他的著作。因此，在當時的氣氛之下，既然要研究思想史，又想到美國去，那麼，投入余先生的門下，也是很自然而然的事了。還有一點巧合的是，我要進史語所時，需要通過學術審查。我到很晚才知道，原來余先生是當時我的兩位審查者之一。此外，後來有人還偷偷地把當天余先生的那份審查書撕下來給我當紀念。余先生當時在審查書裏面，對我有一些肯定的評價。

其實在此之前，我跟余先生有過一兩次私人的接觸。一次是《中國時報》於棲蘭山莊舉辦的研討會上；另一次是他作演講，我負責記錄他的文章。因此，余先生對我也是略有印象的。他要收我當指導學生的時候，正好是他要從耶魯大學轉到普林斯頓大學的時候。我還記得那年三月，大學還沒有正式發表錄取的學生名單，他就在新加坡託人告訴我，他要轉到普大去，而普大也已經錄取我了。所以，我就是在這樣的情形之下去了美國普林斯頓大學跟隨余先生唸書的。

問 在普林斯頓大學唸書的時期，對您的治史方法和觀念的發展有甚麼影響？

答 也許我要先交代一下我在出國前的情況。現在回想起來，那時的臺灣處於一個很特殊的思想文化大氣氛裏。除了我剛才提及的幾位留美的學人，還有許倬雲先生，他們在學界帶起了一種對學問的興趣，尤其偏重思想文化方面。當時，大家對這方面的知識很感興趣，對相關閱讀的需求也很大。然而，當時在臺灣能買到西方原版書的地方很少，我那時比較常去一家名叫「西風」的書局。但進口的書畢竟很貴，因此坊間出現了大量翻印的西方書籍。一些書商盜印了很多當時西方正在流行或是已經流行過的理論性書籍，主要是廣義的人文、社會科學的英文書。那些盜印本的價格相對便宜，我們作為學生也是買得起的，所以，我們都大量購書。我主要到雙葉、敦煌、唐山等書店購買這些書。

當時臺灣翻譯出版了很多著名社會學家如涂爾幹、韋伯、齊美爾（Georg Simmel, 1858–1918）等人的著作，還有各式各樣的史學書籍；文化研究那時候剛剛有一點點苗頭；哲學類的書也受歡迎，詮釋學也開始流行。我們都受到這個風氣的影響。就是在這樣的風氣影響下，我買了非常多書，也讀了很多。當時臺灣有一股韋伯熱。我也因為身處在這個風潮之中，從而讀了很多韋伯的著作。我現在的書架上還有相當多這類的書，有時候我過了幾十年再打開來看，看到我當年做的眉批或是寫下的意見，都已不記得我當時怎麼會有這些想法！

這就是當時的風氣。我們受這個風氣影響，從而對於西方某些時期的名著不陌生。我印象中，翻印這些西洋書的人背後，得到了當時懂得西方在流行甚麼學說的群體的指導和介紹，這些群體幫書商出主意、選書，不單純是為了利益。例如，當時有出版社受到中研院民族所的一位同事影響，翻印了金茨堡的書。我還記得第一次看到 *The Cheese and the Worms*（《乳酪與蛆》）時，覺得這個書名怎麼這麼奇怪？[1] 這樣奇怪的一本書怎麼會是當時非常流行的名著？因為我們習慣史學名著都是「The Rise of ~~」，或是

1 Carlo Ginzburg, *The Cheese and the Worms: The Cosmos of a Sixteenth Century Miller* (Baltimore: Johns Hopkins University Press, 1980)；卡洛・金茨堡著，魯伊譯，《奶酪與蛆蟲：一個十六世紀磨坊主的宇宙》（桂林：廣西師範大學出版社，2021）。

「The Decline of ~~」之類的，「Cheese and Worms」說的竟然是「乳酪與蛆」，而且還只是薄薄的一本！這讓我印象非常深刻。那大概是我出國前一兩年的事情。

也是差不多那個時候，有書商開始盜印諾博特・伊利亞斯的著作。這個人我從來沒聽過，可是為甚麼他出的書，這麼多人都在買？所以我也跟著買了。這大概是我個人在 1987 年出國前，所接觸到的臺灣人一窩蜂瘋狂地嗾西方名著的最後一波。

我還記得當時大演講的風氣很盛，這些盜印的西方著作，因為版權法在當時還沒有嚴格執行，甚至會放到演講會場來賣。有一次，一位在美國教書的先生看到攤上韋伯的書，就說這裏面有好多本都是他在美國的書店沒能找到的。

我還有一段時間，很積極、瘋狂地購買以撒・柏林的書。當時我的朋友葉匡時先生要去美國卡尼基美隆大學（Carnegie Mellon University）讀書，我就交託給他五千臺幣——那時候五千元對一個年輕人來說算多——請他在當地的書店代購能找到的柏林的書，最後他分了很多次寄給我。我的書架上現在還有約十一、二本柏林的英文書。這大概就是我赴美前的情況。

我在普林斯頓大學前後五年半，其實是非常倉促的，實在沒有時間修很多的課。但是，我初到普大時，因為剛在臺灣看過羅伯特・丹頓的書，所以就想要去修他的課。可惜，他的課有人數限制，而我到達普大時已經來不及選修了。但是我拿到一張書單，赫然發現書單裏面的書就有我在臺灣最後所接觸到的伊利亞斯《宮廷社會》（*The Court*

Society）、《文明的進程》等著作。對於那一代人，也就是像我這樣1980年代後期出國的學生，如果留心的話，當時在臺灣還是能入手很多西方各種學科的著作。史學相對較少，反而比較多人文和社會科學的，加上一點點文化研究。特別是以社會學為主的，韋伯更是其中心。還有湯瑪斯．孔恩的著作也曾掀起風潮。

因為閱讀了這些西方著作，所以我剛剛到普林斯頓大學的時候，發現他們也是在看這些書，上課時就沒有甚麼特別突兀的感覺。那時候，普林斯頓大學的東亞系有幾位有名的老師。中國史方面有余英時老師、杜希德教授（Denis Twitchett, 1925–2006）、當時快要退休的劉子健教授（1919 1993），還有剛剛退休、但還在學校的牟復禮教授（Frederick Mote, 1922–2005）。日本史方面有馬里厄斯．詹森教授（Marius Jansen, 1922–2000）。[2] 我都跟隨他們學習上課，跟其中好幾位有比較密切的接觸。尤其是有五年多的時間跟余英時老師經常相處，自由的討論，當然是很得意的。此外，我也去聽歷史系勞倫斯．史東和彼得．布朗（Peter Brown）等教授的課。

事實上，有一段時間我透過普大校園前面的一間書店，大量購入了年鑑學派著作的英譯本。這一方面是受到普大老師們的直接影響，另一方面是受到當時閱讀風潮的影響。這些都對我個人的學術成長有相當大的幫助。

2 可參考王汎森，〈回憶馬里厄斯．詹森（Marius Jansen）老師〉，載氏著，《天才為何成群地來：知識創造的人文向度》（臺北：允晨文化，2019），頁169–173。

《天才為何成群地來》（北京：社會科學文獻出版社，2019）

如我剛剛所講，因為在我出國之前的年頭——大概有六、七年的時間吧——臺灣非常流行閱讀西方學術著作，所以我個人對在西方流行的學術書並不陌生。我記得我在陸軍士官學校讀傅柯的《瘋癲與文明》（*Madness and Civilization*）。[3] 那是我託我當時的女朋友——後來成為了我的太太——在阿拉斯加機場書店買的，恐怕我是當時臺灣最早讀到本書的讀者之一。

到了普林斯頓大學後，我唸書有了一個變化，就是原來那種百科全書式、甚麼都讀的方式，漸漸變得集中、收

3 Michel Foucault, *Madness and Civilization: A History of Insanity in the Age of Reason* (New York: Pantheon Books, 1965)；米歇爾．福柯著，劉北城、楊遠嬰譯，《瘋癲與文明：理性時代的瘋癲史》（北京：生活．讀書．新知三聯書店，1999）。

攏到歷史上去；最主要還是要跟博士論文有關。可以說，由在出國前對西方思想世界作五花八門式的了解，慢慢收緊到一個比較純粹的史學工作者的訓練過程。

有一件很有意思的事情。我在普大讀書的時候，每人在圖書館裏都有一個格子（書格，或者叫「cubby」）。我們常把正在看的書，或是借來準備看的書都擺在裏面。有一次，一位教授經過時就說：「哇！這個人是哪一系的？讀的書從人類學紀爾茲（Clifford Geertz, 1926–2006），到這個，到那個，這麼多種學科的書都有？」因為在當時——我不知道有沒有誤會——西方的同學基本上不多讀其專業以外的書，即使是讀了課外書，也都是為了要修的課程，譬如修政治學的就多讀點政治史。不像當時我們在臺灣受到風氣薰陶，覺得整個人文學科是廣義的，沒有嚴格的去區分讀書的興趣和內容。這個即便是在當時的西方，看起來都還是覺得很特別的。「你到底是哪一系的？」這問題正好反映，我們出國前就是處於這樣一個知識狀態。

在美國因為要大量修課，而且每一門課都有大量的指定閱讀材料，所以光是為了這些指定閱讀材料，已經忙得不可開交。我記得我在詹森教授的日本史課上，我常常開玩笑說，他開給我們的書單，不睡覺、不吃飯，多用六倍時間，都還不一定能看得完。那些書大部分我們都沒原本，所以要去圖書館放「Reserved」書籍的那個地方借閱。每人可借閱數小時，或十小時，或是一個晚上，所以我就經常借回來，然後坐在路旁撿來的一張沙發上，一直讀、一直讀，讀到隔天早上。我常開玩笑說，我的日本史不是以中、日文讀的，而是用英文讀的。算了一下，我好像讀過九十幾本英文的日本史著作。可是後來因為再沒有機會從事這方面的研究，所以老實講，也都忘了到底讀了些甚麼。我還記得我曾徹夜讀過一篇博士論文，是關於西鄉隆盛（1828–1877）的。

所以，這段日子有沒有受甚麼史學方法跟觀念的影響？這就像吃糖果，吃下去都給融化了，所以現在也很難說感受到甚麼影響。但是我覺得，如果要說起來，最大的影響還是把我原來在臺灣的那種五花八門的、對人文及社會科學的興趣，收攏到作為一名更純粹的史學家了。那麼，後來再回到史語所，史語所的整個風氣當然又更專業了。整個過程就像是一個漏斗，最初甚麼東西都收進來，然後經過漏斗，慢慢地成為一個更純粹的狀況。我要說的是，事實上，我在史語所這幾十年裏面，我還是保留了閱讀其他各學科書籍的習慣。我出國以後，已經不再治「總經」（明儒王艮〔1483–1541〕語），而是更專業的了，雖然我還是一直保持著讀些其他學科的書的習慣。

我還想補充一點。我在普大唸書的時候有一種感覺，就是當時留英跟留美有很大的差別。我有位朋友在英國牛津大學讀書，他放暑假時來美國找我，我就覺得英國的博士班好像沒有修課的要求。不像美國，要求學生修各種的課，然後考 general exams。經過總學科考，才能寫博士論文。美國的博士課程有整體的規劃和訓練，不像英國主要是以博士論文為主。我當時就覺得，我這位朋友在英國可以比較自由的讀想要讀的各種好書。可是在美國就不行了。在美國修課的時候，要讀很多老師指派給你的書，所以覺得很不自由。但是這也有好處。雖説要讀很多修課規定的書 —— 不一定都是好書 —— 但是基本上都是你在這個領域裏面需要知道的書。就像一間餐廳，如果是川菜餐廳，應該有甚麼菜式，大概就知道了。這當中有很多書，平時如果讓你自己選，你就可能不會去讀它了。所以這一輩子可能就只有這麼一次機會去看。看了以後還是會有益處的，將來處理類似問題的時候還是會浮現出來。就像糖果在你嘴巴裏面融化，再進入你的身體。我在美國讀書的時候，一方面非常不滿意，覺得沒有辦法像我出國之前那樣隨興讀書，自由地讀各種西方的人文經典。可是，後來回想起來，也有滿意的地方，這輩子不可能自發去讀的書，如果不是別人強迫，你真的不會去讀，而那些書也不是沒有用處的！

問 您有甚麼讀書的方法可以跟大家分享？

答 我覺得讀書，有些書要精讀，有些書要泛讀，有些書只是用於參考，這三種書是要有所區別的。歷史學跟哲學不太一樣，它必須要對一個相關問題或一個相關時代的史料有廣泛的掌握。除了精讀幾部最有關係的書籍之外，其他的也要廣泛掌握。這是我一向的態度。因為有很多重要的觀念或重要的思想現象，如果沒有透過廣泛的閱讀來掌握，常常會誤判它們的「視域」（horizon），即看錯其在世運裏面的高低遠近，或看錯其作用與影響大小。可能錯把一件很小的事情放得很大，把一件很大的事情放得很小；或者把某一時代處於邊緣的東西當成是核心，把某一時代事實上是核心的東西看成是邊緣。所以「視域」很重要。我出國前讀詮釋學的書，裏面經常出現「視域」，「視域」是要弄清楚的，所以當然要精讀的書有很多，但也要泛讀其他的。

我剛才提到，要精密閱讀重要文本。我精密閱讀的經驗通常是這樣子：對於第一次讀的那些最重要的文本，要像湯用彤所說的，不放過每一個字及每一句句子。對同一個文本裏面出現了兩次以上的字句，不管是概念或是詞彙，都要特別加以注意。

我通常會注意：這個時代的各種文本裏面，有哪些年代的集中處？為甚麼都反覆提到了這幾年？譬如說，在我最近的一個研究裏面，有很多文本出現光緒十二年（1886），那我就會想，這裏面是不是有甚麼意思？另外，一個時代的各種文本裏面議論的集中處是甚麼？這些議論跟現實格局的關係是甚麼？這些議論跟其之前的傳統有何關係？例如談到人性的「性」，我們都想像是從先秦以來，就一直傳承而沒有斷過，但事實上不是這樣的。不然康有為為甚麼說要透過佛學的影響，重新悟到儒家的「性」字的意思呢？他認為，這是開啟後來宋明理學很重要的一個源頭。還有一些文獻，是思想史上一系列的戰鬥所留下的紀錄，很多時候是一種代理人的戰爭。就像陳寅恪講的，歐陽修在《新五代史》裏對「義兒」的態度，事實上是針對五代以來，一些人為了上進而放棄自己的親生父母，投靠有權勢的人、將軍做義子的情況。此外，譬如說，某一個時代提倡井田，其實可能是針對當時土地嚴重分配不均的情況。這些東西都應考慮進去。

同時，我讀書也很留意強勢的思想論述是如何慢慢形成，然後又如何慢慢退位。退位也是一個非常重要的課題。一種風格的消逝、一種思想或潮流的退潮；思想如何興起、如何退場，是我希望在史料裏面看到的。

當然精密的閱讀方面，還要提高一個層次來看，問問自己：我到底看到甚麼？如何概念化（conceptualize）我所看到的這個歷史現象？我記得在普大學習時，余英時老師本來要開一門課教學生如何概念化，只是後來沒有開成。如何概念化你所看到的東西，即提高一個層次來看歷史現象，看你所看到的這些現象代表一個怎樣比較廣泛的意義？我常常在想，我們在某個時候看出歷史的一扇小小窗口，就是在今天看起來不熟悉或是不通的地方，但是它透露了整個時代，一些我們所不了解的症狀就在裏面。就像如果用症狀來描述的話，它是這個很大的一個病所浮出來的一個症狀。

我要講的是，除了要精密閱讀最重要的基礎文本外，還要大量地去閱讀其他文本。我總認為每讀一本，其中都會洩漏一些我原先沒想到的小小的東西。所以史料的書要大量地讀，這是我個人的看法。

也就是說，要廣泛地熟悉整個時代的大量相關文本。因為我們處理的是歷史、是思想史，而不是純粹的哲學史。要精密閱讀有重要關係的思想文獻，這是我一貫以來教導學生的。我在以前的一些演講提過，一個時代，不管是思想史、政治史或其他的歷史，都有一些「總機性」的人物、事件或書，就像一臺電話總機一樣，你可以透過總機把電話接通到各個地方。因此，我經常要讀這一類總機性的書。譬如說清朝，為了對文人世界有一個大概的了解，我儘可能要讀《清詩紀事》，不管是鄧之誠的《清詩紀事初編》，抑或錢仲聯編的一大套《清詩紀事》。雖然錢仲聯編的那部篇幅太大了，不大可能全讀完。但是，我認為，這種書還是非常重要的。譬如說某些時代有幾本當時重要人物的文集，是通向該時代的一個總機，如明末清初的錢謙益。

要熟讀、比較仔細地讀幾本，然後進行廣泛的閱讀，才能使我們對一歷史事件、人物或是概念的視域有一個掌握。譬如說，我現在準備把明代中期以後的大變化，一直到明代結束，然後清代新學問興起的過程寫出來。除了我過去多年所累積的大量資料和研究之外，我還想做一件事情，就是按時間順序，把嘉靖、隆慶、萬曆年間以來，大量各種形式的文本，一路看下來，希望捕捉思想跟時代和文化的動態形成的過程，一步一步的追尋整個過程。

就思想史來講，精密的閱讀還是非常重要的。對於精密的閱讀，我覺得有幾點可以稍微再講一下。朱熹的後學把朱熹讀書的方法編成一本小小的《朱子讀書法》。朱熹花了大量時間重新梳理和註釋古代的經典，所以他要讀得非常精密、非常仔細。朱熹常常說，他讀書是作焚舟計，就像你坐了船，上岸了以後把船燒掉，就不再回頭了。就是整個人鑽進去讀，讀完告別就「再見」啦！就是我專心去讀，要仔細深入把它弄清弄熟，不再回頭。朱熹又說，讀上一段不知下一段，讀下一段不知上一段，就是你讀上一段的時候，整個經歷要像是銀針一樣，要把它穿透，整個人就集中在這段文字，把它整個弄清楚，之後再來讀下一段。這是一種精讀辦法。

另外，我也常常跟學生講要做很細緻的區辨。舉一個例說，達斯頓（Lorraine Daston）在一篇文章裏面提到，探討甚麼是「真」。她說「真」這個字或概念，在十八世紀是天才所看到的東西，到十九世紀是儀器所看到的東西，到二十世紀中期是帶有人為詮釋的東西。雖然都是用同一個「真」字，但十八到二十世紀看到的都不一樣。又例如我在臺大唸書的時候，在西風書店買了一本講文藝復興時期思想史的書，著者是一位哥倫比亞大學教授。在書中，他區辨的亞里士多德哲學在不同時代的大小關係和面向，是在當時居於甚麼位置，跟甚麼樣的學問發生關係，以及當時人做甚麼樣的詮釋等等問題。

所以我們在讀文獻的時候，要對一些名詞或概念做非常細緻的區辨。譬如說明朝講究「博學」，清朝人也講究「博學」，可是明朝人的「博學」是為了寫文章好壞而博學，清儒卻不是，清儒是為了寫考證文字，考證古代禮樂制度而「博學」。雖然表面上看起來，好像從明到清代都是在說「博學」，但針對「博學」做一個細緻的區辨，就可以看出這當中有不同的意思，是不同的目標在不同體系裏面的不同位置。

在分析概念時，要細緻地區辨它們的意思、它們當時的位置、它們的大小、它們跟其他東西的關係是甚麼等問題：是居於核心還是居於邊緣？有甚麼樣的特殊面向嗎？是否處於整個思想體系中某一個特別突出的部分，而不是整體？所以一方面是廣泛地閱讀，從而形成一個視域，另一方面則要精密地閱讀，有細緻的區辨，對於研究的思想和思路有很深入的體會，讀上一段不知下一段，讀下一段不知上一段。

還有，譬如說空間。我近年來覺得不能看輕「空間」在思想史當中的重要性。譬如以前討論東亞儒學，就好像中國的儒學是普世性的，可是後來加入「空間」的因素，加入整個東亞，包括越南、琉球、日本、韓國等等，便發現各地儒學還是有相當的不同。所以空間的意味，在這個時候就展現其價值了。

問 您提點了精讀和泛讀兩方面，那麼您有做筆記的心得可以跟大家分享嗎？

答 我做筆記沒有既定方法。因為我是不用電腦的，所以我一切都是用筆記錄。我也沒有系統性的做法。我以前讀了很多的史書，是用夾條紙的辦法做筆記。可是，後來我從副院長辦公室搬回來以後，因為我研究室內的書有六、七年都沒動過，全都是灰塵。我的學生們在幫我整理時，看到夾在正史中的一些條子太髒，就把它們丟了。所以有些當年認為重要而夾條子的地方，就再也找不到了。

現在大家都用電腦在做筆記，這是另一種形態，相對來說，我則是屬於「農業時代」的。如果看書碰到重要的地方，我通常是隨便拿一張紙片記一下大概是甚麼頁碼，然後，放在一個地方。

也許可以這樣說，我會用上一些辦法。第一個辦法就是用筆記本，把我考慮到的問題，還有相關的史料記下來。譬如我認為這個問題可以進一步處理的，我會把它寫下來。我有相當多這種筆記本，上面寫著我認為值得研究的題目，以及值得注意的歷史現象。我會把想到的、相關的東西先寫下來，以後如果翻到這裏，再看看這個問題是否還可以繼續研究。另外一個辦法就是在各種紙片上記下來，在某一段時間累積到一個程度，就按照主題做一個歸納。每逢過年前，或是完成了一本書或一項研究，我就會把一段時間內積累的這些零散材料做一次歸納。還有第三個辦法，就是如果要寫的題目比較確定，我可能會用個卷宗夾，把相關的資料、筆記等都放進卷宗夾裏面。

其實我有若干研究都是無意間累積而成的，得益於相當長的一段時間。我覺得好記性不如爛筆頭。我偶爾在翻閱卷宗夾時，發現當中有很多史料，而我當時的看法跟現在想的完全不同。在當時可能就是覺得沒甚麼而隨手記一下，但也可能因此而發展出一個題目。

我個人覺得，因為我在相當時間內慢慢形成了以問題為主軸的研究方向，再加上我在史語所工作，偏重問題性的研究，所以我就沒有走向一些通論性書籍的寫作。我常常跟人家開玩笑說，等我到老了的時候，最後一部書要把我認為可以成為問題的事都整理出來，就像鄧之誠《骨董瑣記》，看看對之後的人有沒有幫助，或許可以繼續進行研究。

著作的分析

問 您認為思想史是甚麼呢？您認為思想史和哲學史的研究分際在哪裏呢？

答 我記得好像在 1993 年，就是我剛從美國讀完書回來的時候，師大歷史系內思想史領域的教授請我去給學生做一次演講，當時講的主題就是關於思想史的。那麼，思想史是甚麼呢？我個人認為，思想史就是處理「思」的事物的歷史。所謂「思」的事物，就是人類思考的這個對象。思想史是探究思想和概念在歷史上發揮的作用的歷史，思想史就是這樣的一門學問。

那麼思想史與哲學史的分際在哪裏呢？我是這樣看的，哲學史處理的是論證哲學命題的歷史，或是一名哲學家，或其相關哲學中的系統性思維的歷史。它可以跟後來時代發展有重大的關係，但也可以沒有關係。哲學史可以處理一個哲學體系在歷史中的影響是甚麼，也可以不處理。它比較注意的是一個完整的哲學論證，或是一個思想系統。

思想史的主力在於思想在歷史中的作用。它基本上處理的，就像是要把糖拌進一杯水裏面。它是一包怎樣的糖？是怎樣的思想？它拌進水裏面後，產生的是一杯怎樣的水？如果倒掉這杯水會如何？把這杯水喝下去又會如何？思想史講的是「思」的本質。哲學史則比較偏好處理論證，論證一個哲學家的哲學系統或是一種哲學觀念。相對於這個，思想史家處理的是在歷史中產生影響的思想。思想史所處理的，有很多是哲學史家看起來十分荒唐的思想、不成系統的東西，或只是些枝微末節而已，從哲學史角度看起來可能是沒有任何價值的東西。但在思想史的角度，可能對某一時代有重大作用，其所產生的影響是無法想像的。例如晚清的「公理」、「公法」、「公例」與「進化」，這四個概念對當時產生了極大的影響。「公理」、「公法」和「公例」的概念，認為整個世界都可以找出定律，而人類就是要隨著這些通則去發展。在晚清至民國時期的影響非常之大、無所不至。可是，這些概念在哲學史家看起來就可能沒甚麼哲學史的價值。這些概念有時看起來若有若無，或者很粗淺。但是它們就像丟個石頭進池塘，像漣漪般擴散，影響可以是非常大的，並且涉及到各個方面。從人的內在，到人的外在，以至政治和社會等各方面均受到影響。很多這些思想，根本也不是從原著來的，只是從各種報刊雜誌所轉換過來的概念和名詞，而這些新名詞卻組成了一個網絡，在那個時代裏產生了解釋、篩選和評價等各方面的作用。就像當時人們大談進化論，可是根本沒有多少人真的讀過達爾文（Charles Darwin, 1809–1882）《物種起源》（*On the Origin of Species*）的原著，該書的完整譯本也是很晚才出版的。

我一向主張思想史是跨學科的。正因為思想史處理的是「思」之事物，其範圍可以很廣。它不像哲學需要有一個很嚴格的論證。「思」之事物，可以有無數種表示方式。它所涉及的現象，有時候需要用上別的學科知識來幫助我們理解。其實，哲學也是其中一個有幫助的學科。我覺得哲學對觀念的分析，有助我們比較有深度的去了解歷史上某些思想。那些很精微的思想，可能在某一個時間沒有產生歷史作用，但說不定，在未來甚麼時候它也可能產生作用，所以深入了解是非常重要的。譬如說《明夷待訪錄》裏面的〈學校〉篇，有一段提到可以用寺廟的財產來辦學校（「其寺產即隸於學，以贍諸生之貧者」）。本來這一段話有誰會注意到？可是到了清末，「毀廟興學」的來源就是從《明夷待訪錄》裏面這一兩句話來的。

另外，思想史上的很多現象，不能純粹以哲學史的角度來處理。歷史中常常帶有雜糅附會的現象，即有很多混雜的東西附會在一起。思想史要找出現象跟整個時代相對關係的問題，還要找出它的「問題欲」。這個「問題欲」是甚麼呢？譬如說經學史家周予同（1898–1981）曾經講過，他在上世紀二、三十年代寫了一些關於孔子的研究，把孔子貶得一文不值。但他其實是在對抗當時國民黨的「信仰化」主義，譬如戴季陶要把孫中山「孔子化」。思想史研究由以前靜態的對概念跟思想的描述，轉向為動態的競爭的性質。要了解這個思想概念在整個時代的動態和競爭的性質，它是針對甚麼而來的，了解這個「問題欲」在哪裏，才能了解它真正的意思是甚麼，它所指向的究竟是甚麼。

我覺得「位置」在研究思想史中也是非常重要的，要理解站在哪一個「位置」看事物，不要以為這一切的發展都是理所當然的。我曾經因為工作關係，跟科學家有比較多的來往。有一位研究基因的學者告訴我，他在研究的整個過程中，都不知道基因研究的下一步會怎麼發展。他五年前的演講，在五年後重看，竟然有一半是錯的。這就說明，我們必須知道未來是未知的，才能細緻地了解歷史上哪些是新的東西。譬如說，我常常在想，若將章學誠的文字還原在清代中後期，到底要怎麼理解？如果我們把一切在他之前的東西當成已知，就不會注意到他那些文字在當時的創新與突破的力量是在哪裏。這就是所謂「去熟悉化」（defamiliarize）後才慢慢可以看出來的。章學誠把經史子集的界限打開來討論古代「道」的發展，這個在他之前是沒有那麼明顯的。我們現在回過頭去看章學誠，覺得好像司空見慣，但是事實上不是那樣的，擺在他那個時代裏面，相對於前面的人而言，是一個很大的不同。

另外，我也必須要講，除了強調思想史動態的一面外，也要強調靜態的。就是有一些概念、思想與文本，基本上是帶有長遠性的、長時間性的。不能完全只從一邊來了解思想，應該由靜態跟動態兩邊交織。譬如說墨子的思想，可以融入到不同的時代裏面，像晚清的孫詒讓（1848–1908）想到要用墨子的思想到海外買一塊島嶼，建一個墨子描述的世界。又譬如說，汪中（1745–1794）在他那個世代把墨子的思想引入到一種動態的競爭中，跟儒家當時的等級社會做一個競爭，形成一個「競爭的視野」（competing visions）。他整個批判的力量是用墨子的想法，「孔子魯之大夫也，墨子宋之大夫也」，孔子是大夫，墨子也是當時之大夫，他們的地位是一樣的，為甚麼不能把他們的思想平等地看？汪中以此來動搖儒家一尊之說的壟斷地位。墨子的思想可以在任何一個時代發揮作用，任何時候只要有人撿起他的書，就可以讓墨子言說（speaking）。這裏面就有「問題欲」，在某一個時代，某個「問題欲」裏面產生動態的、競爭的作用。總之，動態與靜態兩者都應該有，兩者隨時交織。這是我的一個看法。

問 過去的思想史研究，一般偏重強調某時期著名思想家的學說，似乎可以說，是以「學術思想史」為主，但您的思想史研究除了關注思想作為學術或政治理念，還會「降一格」去探討思想如何落實到民間社會以及日常生活之中（形而下的）。請說說您的思想史研究在進路和取向方面為甚麼會有這樣的新意？又，是甚麼原因讓您以「降一格」角度觀察思想的演變？

答 我一直主張一個時代的歷史，是有若干層次的，是多層次的、複調的和複雜的。當時位於邊緣的，但可能在下個時代會以另一種形式成為主流，而過去的主流則可能會變成邊緣。在社會上、政治思想上，有好幾種調子，就好像光譜一樣有不同的層次組出現。確實有一種在當時是最主流的，可是其他的也在跟它競爭，所以是一個「競爭的視野」，是複數的競爭。在每一個層次進行研究，都有它的價值，而傳統以學術思想為主的研究也當然有其價值。

但是，我為甚麼對於這類「降一格」的文本或事情比較感興趣呢？因為我常常有感於以政治思想史來講，我們都以為各種政治思想史書上寫的人物，他們的思想對那個時代實際的政治生活具有影響力，可是事實上並不一定如此。例如黃宗羲的《明夷待訪錄》，在談十七世紀時，常常會誤以為在整個清朝，《明夷待訪錄》應該是大家政治中的常識，可事實並非如此。又如討論王夫之的想法，以為整個清朝應該都應受到王夫之思想的影響，但其實也沒有。其實王夫之的大部分著作一直潛伏著，可能有很多抄本在流傳，是到道光年間以後才慢慢刊印出來的。

我在有關《明夷待訪錄》的一本小書中，提到《明夷待訪錄》以抄本形式秘密流傳了很久，當時很多抄本的字抄錯了，而且有一些抄本上，還用《易經》的〈明夷〉卦

《何以三代以下有亂無治？：明夷待訪錄》（臺北：大塊文化，2011）

代替「明夷」這兩個字。[1] 我們若以為《明夷待訪錄》在實際政治生活中產生很大影響，以此來考慮歷史的發展，就是「錯置」，是時代思想層次的錯置。《明夷待訪錄》的理念實際上要到晚清才慢慢傳播開來。一直到晚清，在西方的影響來了之後，相互激盪之下，銅山崩而洛鐘應，《明夷待訪錄》裏面的東西才被重新發掘出來，並不是在整個清朝時期都有影響的。[2] 政治思想史中那些重要的學術、思想和人物，與實際常常是分開成兩群的，所以我們在研究歷史的時候要注意到時代的思想層次。如果在實際過程中，不了解「降一格」的文本是如何像糖一樣泡入水中，就會誤以為那一包沒有泡進水裏的糖，就是糖水了。那就完全成了另一回事！我不認為原來偏重學術思想的研究不重要，那還是重要的，如果沒有這些東西，人們後來也不可能過了很久，仍然受到啟發。像晚清，受王夫之《讀通鑑論》影響的人有很多。你看蔣廷黻（1895–1965）的回憶錄裏面講，說他們那個時代很多人都受《讀通鑑論》的影響，成為思想跟生活中的一部分，成為晚清種族思想中重要的一部分。

---

1 黃宗羲原著，王汎森導讀，《何以三代以下有亂無治？：明夷待訪錄》（臺北：大塊文化，2011）。

2 黃宗羲的《明夷待訪錄》讓人們反省專制，啟發他們對「民權」、「國家未來」的想像，催生了晚清的種種變革。黃宗羲的思想，如同《周易．明夷》所云：「箕子之貞，明不可息也。」見梁偉賢撰稿，林俊孝編輯，〈放錯鳥巢的蛋，撼動了大清帝國——王汎森談文字獄造成的「自我壓抑」〉（2020 年 10 月 28 日），國科會「人文．島嶼」網站，https://humanityisland.nccu.edu.tw/wang_fansen/（2024 年 6 月 13 日檢索）。

我想說的是，兩者不可偏廢。這裏面有一個思想層次的問題，很容易有思想層次錯置的謬誤，所以我才特別要強調這一點。事實上，我強調思想史跟生活史的交會，這件事情也有二、三十年的時間了，只要稍稍留意我以前寫的文章，就能知道這一直是我很注意的一個主題。

我近年提出「思想是生活的一種方式」，感興趣的讀者可以直接去看《思想是生活的一種方式》。我在這裏只簡單的提其中一點，就是人的大腦其中一個很重要的功能是「意識到甚麼是甚麼」（in term of）。例如我意識到某種顏色代表某個組織、機構或對象，這一類轉換到處都有，它們使得思想跟生活連結起來。當然還有別的連結方式，譬如我們生活的情境會影響我們的思想，然後我們的思想如何影響我們的生活等等。我意思是，這兩個就像一塊小方糖，

《思想是生活的一種方式：中國近代思想史的再思考》（臺北：聯經出版，2017）

泡進白開水裏面，產生了一個效應。過去把它們兩個截然分開，在我看起來是錯的，它們互相融會滲透而成了一個東西。「意識到甚麼是甚麼」裏面有非常寬廣的天地。詳細的我不在這裏講，因為我怕過度簡化，書裏面有幾章是在觀察這個問題。[3]

另外，我在一篇文章裏面提到「史家的邏輯」跟「事件的邏輯」，這也是我一直強調的問題，就是歷史的論述。我在《執拗的低音》裏面多少已經討論到這個問題了。[4]歷史的很多誤解是來自於後面的人看前面的東西，所有東西都已經看到結果，這是倒著串回去的邏輯觀念，產生了一些線性的解釋。事實上，在事情發生的當時，未來下一步都是未知數，都是或然率。那麼，很多當時重要的歷史因素，在後來可能因為沒有串聯到後面結果的那條線上，所以就被嚴重忽略了。這像是畫面倒著放回去的，由已知倒著接未知的，這種思維方式使我們產生了很多對歷史的誤解。

造成這種困難還有一個原因。我們以為古人了解全面的知識，以為古人了解未來是甚麼樣子的，事實上不是。現在的我們因為認識了古代某一個點和許許多多的相關知識，便誤以為那個在歷史中孤立的行動者也跟我們一樣，知道所有的知識，以此來了解他為甚麼不這樣判斷而做另

3　王汎森，《思想是生活的一種方式：中國近代思想史的再思考》（臺北：聯經出版，2017）。

4　王汎森，《執拗的低音：一些歷史思考方式的反思》（臺北：允晨文化，2014）。

一個判斷，這些都造成了誤解。因為「史家的邏輯」跟「事實的邏輯」不同，可能會造成很多錯誤的解釋。我舉個例子，巴赫汀（Mikhail Bakhtin, 1895–1975）有一本書叫《拉伯雷》。[5] 書裏有很多是在批評原來的拉伯雷研究，就是別人都把後來人的後見之明塞回去給拉伯雷，以此來談十六世紀「不信仰」的問題。費夫賀那本名著，即《十六世紀的無信仰問題：拉伯雷的宗教》，[6] 也在講同樣的問題，就是史學家的「後見之明」，用太多我們現代的觀念跟理解套回去給拉伯雷，以為拉伯雷是個反對信仰的人。但事實上，費夫賀指出拉伯雷那個時代，還沒有「不信仰」這樣的觀念出現，所以這個都是我們後來套回去的。

這也是我多年來一直在反復思考的問題，史學家是已經知道歷史發展的結果、甚至全貌的人，可是事件中的人還是在摸索著未來，並不知道下一步是甚麼，前面伸手不見五指。就像我剛剛講的，一位研究基因的學者所預計的基因研究的下一步發展，幾年後發現竟然有一半都是錯的。「史家的邏輯」跟「事實的邏輯」不同，使得史家解釋史事時有一個重大的、不自覺的斷裂。

5 俄國出版時名為 *Rabelais and Folk Culture of the Middle Ages and Renaissance*；中譯為《拉伯雷的創作與中世紀和文藝復興時期的民間文化》（石家莊：河北教育出版社，1998）；以英文出版時則題為 *Rabelais and His World*（拉伯雷與他的世界）（Bloomington: Indiana University Press, 1984）。

6 Lucien Febvre, *The Problem of Unbelief in the Sixteenth Century: The Religion of Rabelais* (Cambridge, Mass.: Harvard University Press, 1985).

問　您最初的三部書所研究的中心人物分別是章太炎、顧頡剛、傅斯年，他們均是其所屬時代的矚目人物。[7] 包括余英時先生的研究，也集中在這類人物，如朱熹、戴震、章學誠、胡適，以至顧頡剛。但您此後的研究雖然沒有繞開這一類知識界的大人物，卻更多地涉及到中下層的知識分子以及無名的群眾，例如在〈「煩悶」的本質是甚麼〉中透過雜誌上的讀者來信去分析二十世紀初一般中國年輕人的想法。[8] 這個研究對象的轉變是出於甚麼原因？這當中反映了您在治史取向或方法上的改變嗎？

答　事實上，我的前三本書，不能說完全是以某一人物為中心的。第二本書不能說是講顧頡剛，裏面恐怕更多的是晚清經學家的歷史觀念，但顧頡剛是裏面的主角。我是以古史辨運動的興起為主題，甚至也有人認為我在裏面主要處理的是康有為，主角是康有為。所以後來有一套思想家大系的叢書，就有人想要找我寫康有為，無非也是受到這種印象影響。嚴格說起來，我的第一本書講的是章太炎、第三本書是傅斯年，處理的是人物；而第二本書是在處理一個史學運動，如何由經學的觀點變化而影響到史學的疑古觀

7　王汎森，《章太炎的思想（1868–1919）及其對儒學傳統的衝擊》（臺北：時報文化，1985）；王汎森，《古史辨運動的興起：一個思想史的分析》（臺北：允晨文化，1987）；Wang Fan-sen, *Fu Ssu-nien: A Life in Chinese History and Politics* (Cambridge: Cambridge University Press, 2000)，中譯為王汎森著，王曉冰譯，《傅斯年：中國近代歷史與政治中的個體生命》（臺北：聯經出版，2013）。

8　王汎森，〈「煩悶」的本質是甚麼——「主義」與中國近代私人領域的政治化〉，載思想史編委會編，《思想史》，期1（臺北：聯經出版，2013），頁85–137。

《章太炎的思想：兼論其對儒學傳統的衝擊》（上海：上海人民出版社，2018）

Fu Ssu-nien: A Life in Chinese History and Politics (Cambridge: Cambridge University Press, 2000)

點的形成，我自己是這樣理解的。

如我在前面講過的，章太炎跟傅斯年是其所屬時代的總機性人物，所以我處理他們，事實上也是在處理那個時代，希望透過這個總機來把線接到各個地方去，而不是只有他自己一個人。總機性質，就是說由他這一扇窗看出去，就會看到一個比較寬廣的思想或學術世界。所以我處理他們，跟這個考慮有關。我想余先生處理朱熹、戴震、章學誠、胡適等人物，也是因為他們是總機性人物。

但是我後來去探究中下層的知識分子或無名的群眾，譬如在〈「煩悶」的本質是甚麼〉裏面，透過大量 1930 年代的年輕人對於人生的問題來考慮、解釋其「煩悶」的本質。這就是我前面談到的「意識到甚麼是甚麼」，他們意識到自己的煩悶到底是由甚麼造成的，人生觀的問題、煩悶的問題等等都可能影響到他們政治行動的決策。我必須在這裏強調一點，有人誤讀了，以為我認為那是唯一的政治行動抉擇的基礎。不是！只是其中之一而已。身分認同當然是重要的，還有對政治世界的看法跟失望。但是，有一個重要的面，在純粹以政治理論作解釋的時候，就忽略了人生的問題。畢竟最重要的、最貼近自己的一個問題，還是人生的問題。所以，〈「煩悶」的本質是甚麼〉是透過當時這一個中下層的、一般的、大量的知識青年，對煩悶、對人生觀的這種沒有出路、對時代沒有一個指引、對於找不到人生的答案等等問題的困惑，解釋「甚麼是甚麼」的時候，跟他們政治行動的一個關聯。

但這只是其中一個關聯，我並不是說它是唯一的決定性的關聯。在寫〈「煩悶」的本質是甚麼〉那幾年，我因為思考了很多人生的問題，有一些我以前看過的文學性的書有所浮現，慢慢就形塑了這個問題。〈「煩悶」的本質是甚麼〉這篇文章是由種種人生的經歷、感受、時代的環境和學術研究等拼湊而成，這種湊合沒辦法直接用單線的解釋來形成。就像我們剛剛談到《古史辨運動的興起》，我當時受到韋伯《基督新教倫理與資本主義精神》（*The Protestant Ethic and the Spirit of Capitalism*）和詮釋學的影響，還受孔恩《科學革命的結構》（*The Structure of Scientific Revolutions*）這樣的書影響，當中的影子也都可以在書中看出來。這是一個時代的學術氛圍，加上我個人的選擇所湊合而成的。所以你提到為甚麼有這樣的轉變？當然這裏面是非常難以解釋的，但是，同時我也感覺到，像我剛剛講過的歷史層

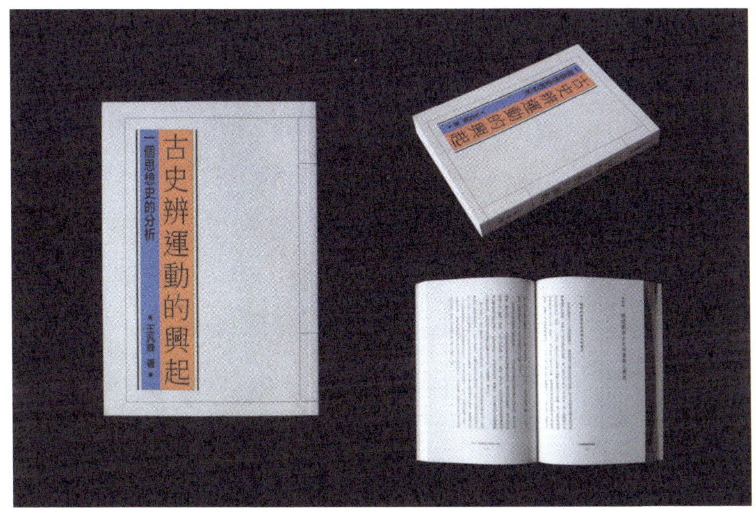

《古史辨運動的興起：一個思想史的分析》（臺北：允晨文化，2023）

次，我們常常有歷史層次導致的謬誤，忽略了中下層的人們到底在想甚麼。這些原來看起來是中下層的，後來卻成為主宰者。所以你說我的治史方向或取向有甚麼改變嗎？我說，改變的可能是從「人群學」（prosopography）的角度出發。我在美國讀博士時看史東的書，裏面有談到人群學，就是希望從廣大的人群中去觀察歷史。[9]

問 您的思想史研究涵蓋晚明至二十世紀前半葉，當中有沒有想到要為近三、四百年中國歷史的演變提供一個宏觀的解釋？或者說透過您的眾多個案研究連結成一幅大的圖像？

答 每個人都是他的時代的囚徒，我當然也不例外。我最初踏入歷史這行業的時候，想像的都是很宏觀的，因為當時影響著我的一些書，都是像《羅馬帝國衰亡史》（*The History of the Decline and Fall of the Roman Empire*）之類的巨著，或是《史記》與《資治通鑑》這類中國古代的大部史書，想像著將來要做這樣的歷史研究。可是，我後來慢慢地發現，這個時代的學術環境並不鼓勵寫這類的著作。當代的學術環境鼓勵的是「問題指向」（problematic）的研究。從學生時代開始，我的碩士論文指導老師和其他很多老師們，每天講的就是史學研究不是「泛而無當」的，而是要「問題指向」的，講究的是專題史研究，針對一個問題進行研究。因此，我們這一代歷史研究工作者在這個氛圍影響下，就

9 Lawrence Stone, "Prosopography," *Daedalus* 100, no. 1 (winter 1971), pp. 46–79.

比較少有人去寫傳統大部頭甚或是通論性的書，譬如說通論的斷代史、通論的思想史等等。

這裏還有一個小插曲。我在 2000 至 2002 年期間擔任臺灣國科會人文社科處處長。國科會即是「國家科學發展委員會」，是胡適先生首創的。在臺灣，它是學術研究一個很重要的指導機構，對研究有主導性。它每年要補助大概三千多個研究計劃，一般有七千多人申請。我擔任人文社科處處長時在想，不能只有問題取向型的研究而偏廢原來那種通論性的書籍寫作，甚至可以寫好的教科書。所以我就把十六個學門的召集人邀請來開會，希望推動寫通論性的書或教科書。結果，第一個舉手反對的就是歷史學門的召集人 —— 我以前唸書時代的一位老師！這件事便無疾而終。我要藉這例子講，我不是不注意這件事情，但是整個時代環境好像不傾向「通論」，所以我做的都是傾向「問題指向」的研究。即使我現在正在寫一部比較大篇幅的專論，已花了很多時間還沒有寫完，但它基本上也是個問題取向的研究。

但是，將來有沒有機會呢？我想在未來是有的，只是現在先放在心裏。我一直認為我的整個研究是描述中國思想的新傳統時代的，即是從九世紀以後一直到晚清。至於晚清到民國，是我另外一個研究重點。可以說，前一段是新傳統時代，後一段是近代。那麼，要為中國思想的新傳統時代，或許大概就從九世紀到十九世紀寫一本比較通論性的書吧！我也曾就這時段開了幾次課，還有熱心的出版社把其中的上課講義記錄了下來，或許將來有機會就用這個來擴充改寫成一本通論性的書。我寫成的專文，大致的研究時段都集中在過去五百年的格局。若將來要寫一個通論性的東西，除了我對明代中期直到晚清的研究外，還要擴充。事實上，我也有若干文章是談宋明理學的政治意涵及政治行動的。

問　您說到研究聚焦於過去五百年。我想到，梁啟超和錢穆兩位先生都分別撰寫了以近三百年中國學術史為題的書。如果今天也請您來寫這樣一部的話，您認為會跟他們的有甚麼不同？

答　這兩部書都是我非常熟悉的傑作，而且都對我有很大的影響。當然梁啟超與錢穆的寫法不太一樣。甚至有人認為錢穆的書在梁啟超的那本之後才出版，卻比梁啟超還要保守落後。這樣的看法真是見仁見智。

錢穆寫《中國近三百年學術史》的方式有他很可取、很方便的地方，就是以一個人、一個人為單位來寫。他聚焦於一個一個人物，對於每個人，透過很詳密的引文跟註解的方式，把材料註在下面，列出重要的條目式的文字，抄在下面的就是相關的歷史材料。你看他的書，大字跟小字都很有用。這個在之前的梁啟超《中國近三百年學術史》是比較少用這樣的方法。梁任公的近三百年學術史，比較像我們現代人的寫法，可他也還是以一個一個人物為主，像寫綱目體。當然，這樣的處理方式比較容易下手，就是選取一個思想或是學術人物，比較徹底的把他的著作讀完以後，形成一個架構或是系統，再把他的思想或學術系統地寫出來。這樣的寫法比較像《宋元學案》、《明儒學案》和《清儒學案》，這個方法有其用處和好處，操作上也比較容易。

如果讓我來寫的話，我會以思潮的起伏為主題貫穿全書，依著一個一個思潮或是思想運動的起落來寫，而不會以一個一個人物的方式來寫。以思潮為中心，去看那些大人物跟小人物、時代裏的追隨者等等交織在一起的方式來寫。那些思想史上的大人物，他們的東西當然是發動機，可是很多時候，他們也必須要跟其他的人與事交織在一起，就像所有的顏色都在一個調色盤中，調和在一起。我認為這樣比較可能建立及重塑一個時代的風貌、一代的思想風貌。這個操作起來當然比較難。但是，如果真要讓我來寫的話，應該就是這麼一個寫法。

問 研究晚明至清初跟研究二十世紀初期，有甚麼明顯的不同？

答 我認為，明代中期以後的文化跟清代的文化性格相當的不同。我比較粗疏的區分為明型文化跟清型文化。明型文化，尤其是嘉靖、隆慶至萬曆之後這一段，那是一個天翻地覆的事態，那也是我下一本要寫的書。我其實已經準備了很久很久了，材料非常多。清型文化是另外一回事，清代是一個理智的時代，是個考證學的時代，它不像晚明。晚明那時候，人民動輒去抄當地有錢人或是有官位的家，動輒去給他發傳單。很多地方都有這樣的事情——我不敢說是每個地方，但很多地方都有這類事，幾乎遍及整個天下。然後是社門，到處找同志，聯合在一起，形成各種社，到處發傳單，寫十字句來諷刺別人。還用禪學化解釋儒家經典，用禪學的路數角度來解釋《詩》、《書》，來解釋《論語》、《孟子》，以及各式各樣的書。這些人又東奔西跑，今天拜訪這個，明天拜訪那個，摻雜很多的商人，非常熱鬧。這進一步做成黨派之間的競爭攻擊，甚至擴及到很多地方，乃至鄉下。像東林和復社，你看在章學誠寫的《湖北通志檢存稿》裏面，有一個相關的篇章提到湖北的一些鄉下地方如麻城等，都有他們的團體。清朝就不一樣了。當然，到了二十世紀，在晚清民國以後，又是另外一個格局。這裏有三個格局：一個是明型文化，一個是清型文化，一個是近代型文化。這三個文化其實性格相當不同，特質也很不同。

若從文化史的角度，而不是從純粹思想史的角度來描述這三個時代的話，會是非常不一樣的。要講明代中後期思想、社會的大變化。這時代裏面可說是五彩繽紛，也是亂七八糟的。

問　陳寅恪先生曾提出對要古人有「了解之同情」，在您研治中國思想史的歷程中，您是如何去了解您的研究對象？

答　這個問題我剛剛也稍微牽涉到一點，就是儘量避免用後見之明，儘量避免以我們現在的角度、我們現在所知道的一切，硬加到我們所研究的古代思想上面去。就像我在《執拗的低音》裏提到，要以被研究的古人為主體，儘可能深入的去了解他，接著才用我們的角度來採訪他。陳寅恪先生有一句名言，「與立說之古人，處於同一境界」，[10] 就是要與被研究的古人處於同一的境界。我在〈陳寅恪的歷史解釋〉那篇文章裏面的註釋中指出，陳寅恪可能是把史萊爾馬赫（Friedrich Schleiermacher, 1768–1834）那個有名的對詮釋學方法論作的經典性闡釋轉換成中文來說。[11] 我個人是贊成這個想法的。我認為，不管要怎麼研究一個思想史上的人物，可以有幾個不同的進路（approaches），而史學的進入是其中一個重要的進入。你可以用今天現實環境的需要去重新給它做一番解釋。但是史學作為一個進入的解釋是非常重要的。我認為史學的是非可以有好多個層次的意思解釋。我認為透過「同情的了解」重建古人的思想或古代歷史，對於現在和未來會不停的生出利息。不一定是要講一個大的、普世的（universal）思想系統才會不停地給人們生出利息。事實上，漂亮地重建古代的歷史或是古代的思想，也可在未來生出利息給我們，給未來的人用。

有一次，我在美國的一個地方，看到教會上面貼的大布條寫著「God's speaking」，意思是神還繼續在對人們述說。可能有人認為在思想史上，只有神學或是大的哲學系統才可能一直在述說。但事實上不一定。很多的歷史事情、史事亦永遠在述說（speaking），《三國演義》不是一直在述說嗎？百年之後，它也還在述說，說不定千年之

10　陳寅恪，〈馮友蘭中國哲學史上冊審查報告〉，載氏著，《金明館叢稿二編》（上海：上海古籍出版社，1980），頁 247。

11　王汎森，〈陳寅恪的歷史解釋 —— 以《柳如是別傳》及《論再生緣》胡適眉批本為例的討論〉，《北京大學學報（哲學社會科學版）》4（2020），頁 64。

後，它還是在述說。說不定人們還是在玩味《三國演義》的角色，以及當中的史事和內涵等等。我認為同情地重建古人，本身也是一個議題，也有議題上的價值。譬如說，不一定要為了符合今天的政治鬥爭，就重新詮釋孟子的思想，硬要把孟子弄得跟我今天的想法一模一樣來應付今天的政治鬥爭，以為這樣才有價值。並非如此！

問 您剛提到政治鬥爭，我覺得您的著作如《權力的毛細管作用：清代的思想、學術與心態》所討論的主題，會讓讀者想到臺灣過去所經歷的一些政治環境。[12] 您的著作是不是每一部（或大多）均與您的生命歷程有關係？或是有對所身處時代一些問題的回應？

答 你的觀察很仔細。事實上，我在以前回答過科技部的一個訪問，後來登載在一個網上平臺，題為〈放錯鳥巢的蛋〉。[13] 那裏面就提到，我之所以會去寫權力的毛細管作用與清朝士人自我壓抑的現象，事實上跟我在臺灣的經歷有關，是基於我在白色恐怖的後期、解嚴前的那十年的經驗跟感受，我小時候看到過、印象中的 self-censorship（自我審查）的這個情形。我選擇研究的題目確實摻雜了我個人的生命體驗在內，包括我剛剛講的〈「煩悶」的本質是甚麼〉，也包括《執拗的低音》裏面很多探討的主題跟片段。

---

12 王汎森，《權力的毛細管作用：清代的思想、學術與心態》（臺北：聯經出版，2013）。

13 梁偉賢撰稿，林俊孝編輯，〈放錯鳥巢的蛋，撼動了大清帝國〉。

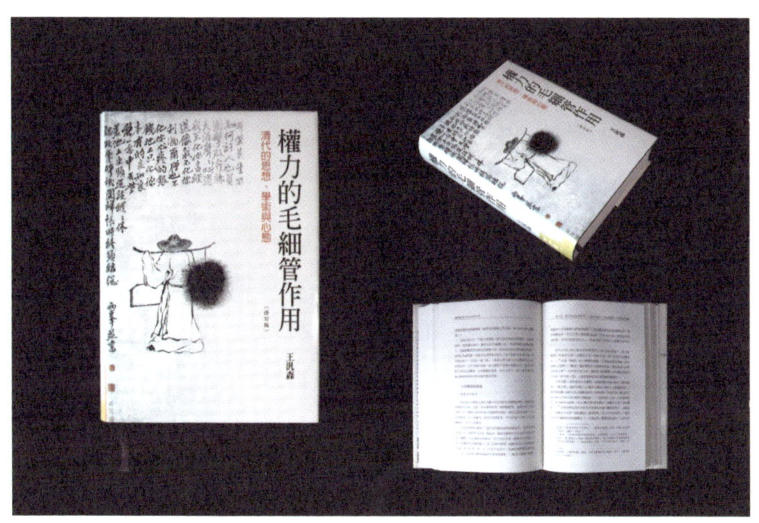

《權力的毛細管作用：清代的思想、學術與心態（修訂版）》（臺北：聯經出版，2014）

當然，它們跟我的人生體驗、生命的經驗有一種關係，但不是一對一的營釘扣板的關係。只是我有這種感受，然後反映在我對題目的偏好跟選擇上。有那麼多題目可以研究，但我就是認為某個部分我比較感興趣，我想要去了解一下。回想起來，這裏面其實有很多是跟自己的生命體驗和感受有關係的，使得我跟這個領域的問題有一種親近性，但這並不一定表示裏面的論述就是我的現實經驗或是我的感受的同義或反覆。在這個經驗跟感受所經歷過的現實的細節，很多均會照亮我所看到的這些歷史材料，甚至把它背後的整個世界亮起來。

我在《權力的毛細管作用》裏面強調，我是研究 self-censorship，而不是在研究文字獄。文字獄當然是重要的背景，可是我是要研究這一局面所造成的 self-censorship。因為文字獄、白色恐怖所抓的人、禁抑的事物，所散發的漣漪效應像毛細管作用，可以擴散到極小的地方，或是想像不到的角落，可以由上往下擴散，也可以由下往上擴散。它變成把社會浸泡在其中，不只是壓抑了很多，而且產生很多想不到的東西。說到底歷史還是由一個一個人組成的，就像一支軍隊，也是要由一個一個人組成。是甚麼東西使得那一個一個人可以成為好像一個不分彼我的團體行動，或一個一個人為甚麼會不約而同的做同一件事情呢？《權力的毛細管作用》裏面有部分想要說的，就是那種氛圍使得人們不約而同地自我壓制。

我記得我在普林斯頓大學給牟復禮講座作演講的時候，最後一張簡報裏面寫了一句「上有政策，下有對策」。一般說「上有政策，下有對策」，通常是講上面怎麼做，下面總有辦法閃過去，使得上面的政策落空。但是我說，這還有另外一個層面，就是上有政策，下面的人為了要躲避災禍，所以他們的對策是去擴大上面的政策，透過「自我壓制」來擴大其感染力，使得上面的政策更擴大、更深入到每一個角落。下面的人本來是為了要全身遠禍、明哲保身，可是他在每個角落做的種種行為，其實卻是擴大了上面政策的實際影響。我記得當日余英時老師還特地跟我重複了這句話，他大概覺得這裏有點意思。

這也包括我剛剛講的有關〈「煩悶」的本質是甚麼〉，以及「主義時代的興起」等研究。我大學聯考時，要考「三民主義」，滿分是一百分，但課本好像只有兩冊；國語有六冊、數學有六冊，滿分也都是一百分。兩冊三民主義裏講的牛頭不對馬嘴，可是它佔了一百分。所以，我從小就生活在「主義」中，是生活中一個繞不過去，可是又沒有說服力的東西。這是整個黨國跟主義時代來臨下的產物。所以我會去寫那麼長的一篇有關「主義時代來臨」的文章，去談「主義」思維如何籠罩一切、形成主義崇拜，也都是跟時代的氛圍、跟個人生命的體驗有關係。[14] 還有，就像我最近剛完成的一本小書的初稿，講近世歷史中的象徵性行動，這裏面那些象徵性行動，也跟生命歷程中所經歷過的若干碎片有關。

問 這也是您常常說的「風」吧！那麼「風」這個概念是怎樣來的呢？能不能介紹如何運用這個概念來理解歷史的發展？

答 這個概念，我想是有兩個來源的。遠的是，我讀龔定盦（龔自珍）〈釋風〉這一篇文章。他在裏面說，一開始是古人之世，「古人之世倏而為今之世，今人之世倏而為後之世，旋轉簸盪而不已，萬狀而無狀，萬形而無形，風之本義也」。那麼幾句話，我覺得把歷史中的很多事情發展的過程講得很生動。古人那時的世界如何突然間變成今人的世界呢？今人的世界又馬上會在旋轉簸盪中變成新的世界。「萬狀而無狀，萬形而無形」，我個人認為這個說法很能解釋歷史中很多事物和事件的起落。

另外一個來源，當然是我在很多演講中一再提到的劉

14 王汎森：〈「主義時代」的來臨——中國近代思想史的一個關鍵發展〉，載氏著，《思想是生活的一種方式》，頁 165–250。

咸炘的文字。劉咸炘在其書中講了一些關於「風」的字句，裏面最重要的一句是「無不有風」。我們一般講到「風」，所想像的就是「風俗」，好像只有「風俗」是「風」。但是使用「風」這個概念時，我想到的是「無不有風」，做學問也有風潮，取姓名也有風潮。人們有時候喜歡孔雀，有時候喜歡黑色鬱金香等等，無不有風。記得臺灣有一段時間瘋迷葡萄牙式蛋塔，到處都是葡式蛋塔的店，可是誰能每天都吃葡式蛋塔當三餐？所以沒多久，很多店都關了，現在幾乎只剩下幾家。我們寫歷史時，只寫單線的線性歷史，好像一個接一個，形成一環扣一環的有所不同，它是旋轉簸盪而不已。每一個東西都有「風」，政治有「風」，歷史研究也有「風」，每一個領域都有它的「風」。一開始都是像「風」一樣波盪，然後成為旋風、颶風，然後慢慢

《執拗的低音：一些歷史思考方式的反思》（臺北：允晨文化，2014）

地「風」又消逝了，所以不是只有「風俗」的「風」。這個我在《執拗的低音》已經有一個專章來談。[15]

就像臺灣，有一段時間，媒體每天都在講「學者說」、「學者表示」，好像學者本身就是一個權威。過了一段時間，社會風氣開始看重有錢的，就是「創業的商人怎麼說」、「這些商人怎麼說」；過一段時間又變成是「談話節目主持人們怎麼說」、「談話節目的參與人們怎麼說」。接著又過去了，有影響力的變成是「直播主怎麼認為」。所以你看，一下子由這一個變成那一個，一下子又變成另一個，旋轉簸盪而不已，萬狀而無狀，萬形而無形。在它形成的過程中，一開始是沒有形狀的，好像無形無狀的，可是慢慢從萬狀到最後又歸於消失，當然也有一些留得比較長。所以要「察勢觀風」，有的「風」很短，有的可以極長。有些風勢可能會持續到某一個深度，有比較長的時間，可是有些風，就是旋轉簸盪，很快就下去了。在「風」當中的人是很沒有自由的，受時代的啟發或是擺佈。然後等風過去之後，回頭看過去，又覺得以前好像是著了魔似的。在「風」的觀念之下，以前那種單一線性的發展、單個人物主導全局的發展等等，都需要用新的角度來闡述。

問 您的著作中也強調思想史中的「低音」，特別點出歷史上多元聲音的競逐。我們是否可以理解為每個時代歷史的發展

15 王汎森，〈「風」── 一種被忽略的史學觀念〉，載氏著，《執拗的低音》，頁139–169。

並不是單曲獨奏，而是交響樂團的眾聲匯演？問題是，我們怎樣從以主流聲音為主的材料之中發掘出低音呢？

答 誠如你所說，我認為歷史是多元聲音的競逐，不是只有一個旋律，而是眾聲匯演。問題是怎麼樣來發掘主從、發掘低音呢？我覺得要從大量史料閱讀中，對那個時代的人進行觀察、歸納，還要透過當時人對那個時代的觀察，分出當時的層次、組成高低音的層次。當然，這樣的研究很複雜。通常，我會把一個時代裏面，關於描述這個時代的各種情狀的相關文字彙集在一起，來看他們怎樣評論當時的情勢。

我非常重視的是當時人，或是離該時代不遠的人，怎樣記錄跟觀察那個時代的風勢，從而判斷核心跟邊緣、高音跟低音。其實，高低之間是一直在競合的，低音也是在發展、在變化的。李登輝（1923–2020）執政臺灣的時候，突然冒出很多長期是低音的東西。例如在中山北路當醫生的或是甚麼，他們的知識來源跟當時黨國的權威的知識來源不一樣。他們讀日本的書籍，從日本訂各種雜誌，一直隱身在那裏。李登輝崛起以後，他們成為另外一股新的力量，動員了一大堆長久以來人們不曾注意的群體，匯集在一起，形成一股新的黨國力量。舊的勢力原來是聲勢喧天的，卻慢慢地被邊緣化了。講舊的語言、唱舊的歌曲、宣傳舊的政治理念慢慢成為了邊緣。可見複調裏面有競合，有互相滲透，然後有變化。這是我所感興趣的。

當然，我不是說只要研究低音，但是在研究高音主調的時候，要同時研究低音。這兩個本來是在結構上互相依存、互相決定的，兩者之間在互相滲透影響，不是我們想像中可以完全劃分開來的，而且低音常常轉變，甚至後來會變成主調。舉個例子，匈牙利的史學家彼得・哈納克（Peter Hanák, 1921–1997）專門研究十九世紀末的匈牙利與維也納。他有本論文集名叫 *The Garden and the Workshop*，是普林斯頓大學以前一位教授卡爾・休斯克（Carl Schorske, 1915–2015）幫他編的。[16] 這一本論文集裏面有兩篇文章，我覺得多少也可以說明這個問題。有一篇“Social Marginality and Cultural Creativity in Vienna and Budapest (1890–1914)”，講世紀末的維也納與布達佩斯兩座城市中的邊緣人和他們的創造力，他們如何醞釀出新的發現。他在這篇文章裏講，愛因斯坦（Albert Einstein, 1879–1955）相對論的一些突破，事實上在當時或之前已經有若干人，包括龐加萊（Henri Poincaré, 1854–1912）和勞侖茲（Hendrik Lorentz, 1853–1928）都曾經幾乎要到達這個突破點。可是為甚麼他們沒有達到？那是因為他們還在舊的認識論架構裏面，沒辦法跟舊的認識論架構割裂。為甚麼不能呢？因為他們當時正處在核心之中。愛因斯坦事實上是個從生活上，以至在當時知識圈上都處在邊緣的人。他所隸屬的奧林匹亞學院，事實上就是由一群邊緣人組合而成的。正是這樣，他們可以不顧那些主流認識論架構的限制，甚至把它丟掉。所以哈納克說，他不認為愛因斯坦的那些創造

16 Peter Hanák, *The Garden and the Workshop: Essays on the Cultural History of Vienna and Budapest* (Princeton: Princeton University Press, 1998).

性發現，只能用其聰明才智來解釋——當然那些是必要和很重要的，但是也不能忽視這些知識是從邊緣的位置產生的，就是這邊緣位置讓他可以把舊有的整個認識的架構丟掉，從而產生他在學術思想上重要的突破。哈納克還舉了些例子，包括弗洛伊德。他甚至做了一個很詳細的統計研究，就是在世紀末的維也納，有很多的分離運動。很多有創造性的藝術家與心理學家，還有其他，多是從分離運動出來的。他們原來也是屬於邊緣或是廣義的低音。當他們在醞釀的時候，當他們還在低音的時候，我們對其通常不了解，只注意到他怎麼突然變成了主流。

我常常跟我的學生講，為甚麼歷史提供的教訓好像很有限？因為我們事實上對很多不同層面的事情，以及不同層次的歷史人物的發展等了解很少。我們以為歷史只是單線發展的，所以永遠只盯著那條主線在看。但是，事實上這裏面是非常複雜的，拼貼起伏、各個競合的。

我再舉哈納克那本論文集的最後一篇"Vox Populi: Intercepted Letters in the First World War"。他在文章裏提到，第一次世界大戰期間，奧匈帝國一些位處最前線的士兵寫信回家，但這些家書往往可能有點小問題，因而被書信檢察官攔截下來。那些被攔截下來的信件，就存在檔案裏面。哈納克就用這些被攔下來的阿兵哥的信來研究他們寫信時候的種種套語，還有在套語之外，他們大概多談些甚麼、關心些甚麼。這當中所反映的心態主要是甚麼？其中，他們對貧富差距愈來愈不滿。不平等、貧富懸殊成為了一個主題。他們談到貧富之間，認為這場戰爭好像跟大人物（master）們沒甚麼關係，反而跟他們窮人有關係。這些城市區的窮人跟鄉村區的窮人，他們的想法是很粗淺的，但隨著他們的貧富意識愈來愈強，那個語調愈來愈犀利，抱怨愈來愈厲害，甚至詛咒神。為甚麼事情會變成這樣？到 1917 年秋天的時候，這些信裏面顯示，從城市來的阿兵哥慢慢的導向政策運動、導向罷工，甚至受模糊的社會主義概念影響，有革命的想法。那麼，就導出了嚴重的、整體的激化和不滿，認為這個世界要毀壞，討論最後審判。從這一類的東西可以看得出來，這些東西在維也納的貴族王公群體內還不一定有這麼強的感受，可是在邊緣、在低音的層次裏面，它事實上已經激活了，開始醞釀著要燒起來。他們的感受方式不同，城市人想要導向大規模罷工，甚至導向所謂的革命、社會主義革命，可是鄉村人認為要導向最後審判。從這些都可以看出低音的那一層。人們當時不一定注意到，但後來真的與第一次大戰之後的奧匈帝國的整個局勢變化是有關係的。

事實上，我在《執拗的低音》裏面已經多少提到過一些例子，但是我還是要強調，我們不只是研究低音，同時還需要注意主調，把它弄清楚——主調還是很重要的。歷史是由不同層次組成的。同時，歷史是個日夜不停上演的舞臺，存在著各種不同競爭的視野、想法，各種力量在那邊競爭著，所以不是只有單線的；而我們過去的研究，大部分都注意單線，而忽略了複調的、多線索的、競爭的。沒錯！是有主調，但是也有低音。低音裏面也有很多是長時期的、傳統的，可能是在近代，啟蒙以來的商業化、工業化、科學化過度發展，而被壓到下層去的傳統的東西，仍然繼續在那邊發酵，產生作用，而其面相也是各式各樣的，我們只能了解當中的一小部分。

問 研究思想史最大的困難或是挑戰是甚麼？要如何解決和克服？

答 其實我們這訪談中一直在談的東西，大部分都是方法，是一些反思性的、方法論性的東西。那麼如果要說研究思想史最大的困難和挑戰是甚麼、要如何解決和克服，我想這個問題要分很多層面來回答。

說到研究的困難，我想，第一個困難是要醞釀跟形成一個有意思的問題，或是說有價值的問題。這個通常是很難的。其實有價值的問題形成之後，就是一個很好的開始。可是，要怎麼樣去形成這種問題呢？這也不容易說。這有幾個可能性，一是在時代學術潮流裏面，從人們關心的主題衍生出來的。還有一種當然就是我剛剛講的，從自己生命的感受和經驗，慢慢從無到有，凝聚起來的。我個人還有一個經驗，就是在形成問題的時候，像把經緯線織成布一樣，在相關領域的閱讀中，東鱗西爪，一根又一根的線子，慢慢拼湊起來，它就慢慢形成了一個問題，形成了一個點。還有當然就是從前輩的著作裏面衍生出來。

選對一個問題，就是問對一個問題，那是很重要的起始點。如果這個問題是非常難解決的，便要花很多時間去做初步工作，像找資料之類。譬如說，你如果問我，在我處理的問題裏面，像傅斯年跟古史辨運動興起，哪一個問題是形成之後而來的？我認為處理起來比較跌宕起伏的是古史辨運動的興起。每一個問題有它的特殊性質，而形成一個問題是非常重要的挑戰。

就集中在思想史來說吧！思想史跟其他專史是有分工的。它主要是談人之所「思」的東西在歷史中的角色跟位置；是討論「思」之事物，思維在實際歷史上的運作與作用。柯靈烏在《歷史的觀念》中有一句名言：「一切歷史都是思想史。」他認為歷史過程是人類的行動過程，而不是單純的歷史事件的過程，既然是行動的過程，那麼歷史的行動過程是由一個個思想的過程所組成，組成它內在的方面——就是這個行動者，他有思想在裏面，所以歷史事件不過是其外部表現而已。因此，歷史學所要探討的是內在的思想過程，要去重演歷史人物在行動中內在的思想經過，所以史學家要在他自己心靈中重現過去的思想，而不是只關心外部表現的事件。因此，他才會說：「歷史，就是重建思想過程的歷史。」[17] 所以歷史就是思想的過程，思想也不能脫離歷史，一切歷史都是思想的歷史。對思想本身的掌握，就像研究制度的人需要對制度的條文、對權力和制度的運作等等有深入的了解才能掌握。思想史也是一樣，對所思所想的全部都要有所掌握。這方面當然牽涉很廣，如果有哲學的訓練，當然可以幫助我們掌握其中的精微之處。不過，我剛剛講過了，很多思想看起來很簡單，

17 R. G. Collingwood, *The Idea of History* (Oxford: Clarendon Press, 1946).

但裏面其實是很複雜的，要對思想本身掌握得很深刻，了解它的深度。

我很喜歡威廉·詹姆士對「深度」的解釋。他說，「深度」是甚麼？「深度」就是你具備了許多的背景、知識或是了解以後，對一個現象，一把就能抓住。每個人能抓到的東西不一樣，有深度的人跟沒有深度的人能看到的層次就不一樣。我舉一個例子，我跟我的同仁合作出版了一部四冊的《傅斯年眉批題跋輯錄》，[18] 當中把傅斯年在各種書裏面的眉批題跋抄出來了，但裏面因為有很多是註釋經書的，所以整理的時候自然有一定的困難。那麼如何看出這些零零散散的眉批跟題跋的意義呢？這時候就要看誰的準備更多，包括對傅斯年的整體了解，對整個知識傳統、時代思潮和學術等等背景的掌握。誰的背景掌握得愈好愈多、愈有深度，一把能抓到的東西就更多。沒有的話，就是看一條一條零散的資料。所以以前很多寫新出土史料，常常有人去寫題跋，寫那些零散的出土的一個器物、一篇碑文或是甚麼。這時候的功力就是考驗你整體的深度，當你在沒有任何依傍的時候，一把能抓住甚麼。

思想史的東西也是，要有足夠的準備，歷史的、思想的、哲學的、社會的……各種學問的準備，包括對人的深入了解，對人的世界的深入了解。所以這方面的培養和積累，還有分析能力都是很重要的。它的困難跟挑戰就來

18　王汎森、邱仲麟主編，《傅斯年眉批題跋輯錄》（臺北：中研院史語所，2020）。

自於這裏。它往往只是一個概念，但後面是一個很大的儲藏室——這概念本身是很大的儲藏室，是一個很大的積儲——而不是只有表面上，我們今天講的「概念」那兩個字。譬如我剛才提到了公理、公法、公例，它不是只有普通的公法，不是只有字面上那麼普通的。它是有很多積儲在裏面，有很多西方科學的、力學的或是各種東西，經過日本的轉手而產生。

有這樣一個故事，在耶魯大學治思想史的史蒂文·史密斯（Steven Smith）說，海德格（Martin Heidegger, 1889–1976）在課上講柏拉圖的《理想國》（*Republic*），從來沒有講完過。他講第一行字就可以講一整堂。第一堂就是講蘇格拉底（Socrates，約前 470 年–前 399 年）說：「我昨天跟格老孔（Glaucon，約前 445 年–前 4 世紀）去了比雷埃夫斯港（I went down to Piraeus yesterday with Glaucon）。」比雷埃夫斯港是雅典附近的一個海港，是伯羅奔尼撒戰爭之後簽訂和平協議的地方。就這麼一行字，海德格認為它是一個倉庫，裏面儲存了很多重要的訊息跟理念，所以圍著這個講個不停。

我看相關研究是這樣推測的，他說「went down」就是因為在伯羅奔尼撒戰爭之後，雅典是戰敗方，被擁立了很多個僭主，就是僭越的僭主。對於僭主統治，人們並不滿意，因為他們不是人們所推舉出來的，結果把它給推翻了。可是推翻這些僭主的人，本身也沒有把政治弄好。因此，整個雅典已經不再處於黃金時代了，所以他說的是「went down」，是「descend」（走下坡）的意思。故此，蘇格拉底說他跟格老孔到了這個港口，「descend」到這個名為比雷埃夫斯的港口，其實是象徵雅典整個國運也在下降。實際上，雅典是正在往下走，所以說「I went down, I descend to」這個地方。照著海德格或有些人的解釋，就認為那不是一個簡單的個人行動的「descend」，而是同時象徵著雅典的命運在往下走。然而，柏拉圖好像要透過《理想國》，想要把「descend」的雅典往上拉，要她上升。所以是兩個相反的走向。按照史密斯在他的《政治哲學》（*Political Philosophy*）這本書裏面講，當時有很多雅典的文學作品裏面用到「descend」這個字的時候，是有特殊用意的。那麼說，一個是「descend」，往下走；另一個是希望往上走的。柏拉圖寫《理想國》，是在雅典黃金時代八十年之後，當中展現的是他想重建一條理想政治生活道路的想法。這雖然只是柏拉圖《理想國》的第一行字，可是包括海德格在內，很多人認為這裏面有很多的意涵，所以以這樣的方式來講《理想國》，而且可以講很久。那麼，這到底是講多久？史密斯沒有寫，他只是說他聽人家講是這樣。[19]

我只是想用這個例子來說明這個思想跟概念，在很多時候，它是一個包羅了各種時間、各種傳統、各種思路的倉儲，而不只有簡單的字面意思。就像海德格講柏拉圖，認為這個思想文本就是個龐大的積儲。你必須要把這龐大

19 Steven B. Smith, *Political Philosophy* (New Haven: Yale University Press, 2012), pp. 41–42.

儲藏記得住、弄清楚，一把能抓到深度，才能跟別人不同。否則像對我們讀者而言，也就只是一行字而已。當然這也不能糾涉過深，我只是舉個例子，說明有人是這樣入手的。

我也常常跟我的學生們提到，以研究近代思想來講，一定要對中國古代的整個歷史傳統、對近代西方的思想，還有對近代日本的思想，這三方面都有相當的養成之後，才能有更深的深度，一把抓住跟別人不一樣的東西。

回到困難與挑戰。從研究到書寫，到成書的過程，其實是一個非常大的挑戰。我們通常都只注意到如何形成好的想法、好的構想，然後好像這樣就結束了。不！那只是前半部，後半部感覺是更困難的。以我個人為例子，很多研究都是卡在後半部。我其實對很多問題也有很多想法，那想法不一定好，有的時候也讀過很多史料，也有很多的積累，但是始終沒有寫成。這就是後半部的問題。就像有一個好的劇本、好的構想、好的故事，可是要拍成電影時，出來的成果可以是不一樣的。思想史寫作的過程就是要拍成那齣電影。

我因為一個特殊的緣故，對普魯士的克勞塞維茨（Carl von Clausewitz, 1780–1831）的《戰爭論》（*On War*）讀得比較仔細，尤其是他書裏第七章討論戰爭中摩擦的部分。[20] 我一開始讀的時候沒有特別的注意，可是我後來注意到，

20 Carl von Clausewitz, *On War*, trans. Michael Howard and Peter Paret (Princeton: Princeton University Press, 2011), pp. 119–121.

有若干位研究克勞塞維茨的專家都認為他討論戰爭中的摩擦是一個重要的貢獻。所以我又專程回過頭去看他的第七章論戰爭中的摩擦，其實只有幾頁而已。我覺得當中就是在描述我講的思想史寫作的一個挑戰：往往我有一個很好的想法、很好的計劃、很好的劇本，可是拍成電影時卻是一個摩擦的過程。像克勞塞維茨説，戰爭中，每一個人都有引發摩擦的可能，在戰爭的過程中，哪怕是一個簡單的命令，一旦到下面要執行的時候，因大多人的惰性、人的衝突，還有偶然發生的事情，會使得一個很簡單的戰略變成非常難執行，一個高明的想法變成只有平庸的結果，令看似容易的事情變得困難。就是説，戰略是一回事，但一旦進入戰場實戰的時候，種種的困難就清晰浮現。人在戰爭中，就像處於那種伸手不見五指、晦暗不明的狀況。像在黑夜裏面駕駛一艘小船，一葉孤舟所碰到的是遍佈四周的暗礁，有著無數的小變故，讓你永遠不能預見未來。所以，一些了不起的將領，除了要有一個好的戰略想法，還要有傑出的才華跟非凡的能力，來應變這些人與人之間引起的摩擦或人跟大自然環境之間的摩擦；如要這些摩擦降到最低，要用非凡的能力去克服它。

我感覺歷史寫作，還有其他許許多多的學科研究，其寫作過程就是一個各種摩擦的過程。不是你讀完若干書，有若干好的想法或若干好的見解，它就會變成一篇好的思想史文章。不是！這整個是個過程，就像你投入到一個激烈的戰火之中。這裏面有很多的摩擦，意志力薄弱、身體疲憊、失去興趣、心志懶散，就會被它的困難所壓倒，對永遠不見天日的這個寫作，不知道為甚麼寫到下一段就會整個停頓下來等等。還有很多看起來很了不起的想法，寫出來以後會突然變得很平庸，手頭的文字不夠表達這些想法。你在過程中會碰到很多實際的困難，道理講不清楚、邏輯講不清楚等情況，還有亂七八糟的史料等。無數的這種小細節才是思想史研究跟寫作中最大的問題、最大的困難，這就是克勞塞維茨所講的摩擦。以前臺大的姚從吾教授（1894–1970）講，「騎馬要騎在馬背上，游泳要跳到水裏」。我沒上過他的課，但他這兩句名言就迴盪在臺大歷史系的走廊中。我覺得當中的重要意義就是實作跟想像是兩回事情。在實作中，你要有耐性，不停利用時間，用體力、耐力熬下去，要克服困難，就要做各種努力，要花很多時間。

我覺得思想史研究中的摩擦，是一個很大的挑戰，是要克服的問題。寫作過程中的摩擦，其實用掉了我們很多的精神。至少對我個人而言是這樣子的。所以要有興趣在支撐著，或是有強大的使命感，當然有名利的誘惑也可以。還有紀律的培養，有意識的透過紀律培養，日復一日按著紀律工作，可以幫助我們來克服這些困難。我認為，一名歷史學者，或者說思想史家，要培養有紀律的工作習慣，也要培養性格，必須要有比較強大和堅韌的意志力。同時，還要有想像力。努力於研習學問，當然也是不用說的。儘可能要有各種要素的結合，當然這本身也是作為對一名思想史研究者的挑戰。

問　您認為歷史學的功能是甚麼？或者更具體地說，研究過去人們的思想對於我們活在當下的人有甚麼意義？

答　關於這問題，我最近完成的一份小書稿《歷史是擴充心量之學》，應該很快就要出版了。[21] 在該書裏面，對於研究歷史的意義和功能，有一些討論。我認為研究思想史的功能，首先，這知識本身就是一種對我們的充實和樂趣。很多東西不一定當下就有用，但是汲取知識是一種充實、一種樂趣。例如現在人類都要往太空去發展，那麼，這個時候，看一下阿波羅十三號的故事，或是一本相關的書，了解一下阿波羅十三號為甚麼失敗、當中產生了甚麼系統的失

《歷史是擴充心量之學》（北京：生活．讀書．新知三聯書店，2024）

21　編按：已出版，參王汎森，《歷史是擴充心量之學》（北京：生活．讀書．新知三聯書店，2024；新北：聯經出版，2024）。

誤。了解本身就是一種知識，是一個很重要的功能。對我們現實的人生來說，到太空發展，可能這輩子跟我也不會有關係。可是我了解這知識，本身就是一種滿足；不知道當然也無所謂，相信很多人根本不關心這個事情，可是了解一下，我覺得都有一種滿足、一種充實。

第二，除了知識的樂趣和充實感，了解知識甚至還可以產生一點指引，就是人類下一步可能要往哪裏走。我覺得歷史本身還有這個功能，可以認識到如何形成今天的我們。我常常在想，為甚麼我們會形成今天的我們？是在甚麼樣的思想的發展過程中產生的？當時我常常從報紙上看到美國人不是這樣過日子的，美國人好像沒有一套所謂「主義」的東西，而在臺灣，「主義」是一種思想、一種信仰、一種力量。這是孫中山在《三民主義》裏面講的。政治要跟著「主義」走，包括我們的生活，或多或少也要跟「主義」產生一種或近或遠的關聯。從美國回來的某某人會說，美國不是這樣子的。那麼，「主義」到底是怎樣形成的？說到底，我知道這不是最近形成的，而是很久以前形成的。當時很多人都身在其中，對「主義」也感到不滿意。我父親以前常跟我講，有一段時間，他的堂叔是一個地方上的政治人物，有幾次帶著他在臺灣南部的一個小小港口，就問他：我們要不要一起偷偷駕一艘船跑掉？當時有很多人不滿意這樣的生活，但還是生活在其中。

我常在想，是怎麼樣的思想和歷史形成了我們今日這樣的「主義」和「黨國」主導的政治形勢。史金納早年有部兩冊的名著叫做《現代政治思想的基礎》。[22] 這本書無非就是講，近代西方的政治思想是從甚麼樣演變而形成現今這樣子的。人沒辦法取消前一刻，所以要了解此刻為甚麼會是這樣，就必須要研究前一刻，甚或是再前一刻。我們需要從思想史中了解世界如何成為今天這樣子，而不是別的樣子。

第三，我覺得思想史跟我們現實生活還有一個意義，就是幫助我們重新發現被人們遺忘、忽略，或是成為低音的另一個可能性（alternative）。我在《歷史是擴充心量之學》裏面舉了很多例子。譬如說，美國建國初期在草擬憲法時，設計美國各州的關係的時候，隱然受到了法國人瓦特爾（Emmerich de Vattel, 1714–1767）國際法的影響，所以想像各州像各國的關係一樣，而這個解釋了今天美國內各州的關係。關於重新發現「alternative」的思想傳統，就是幫助我們重新發現可以對現在作糾正（remedy）的作用。譬如說，我讀一部關於自由思想的書，作者就從古希臘、古羅馬一直講到近代。他發現，古希臘所謂的「自由」是人們可以自由介入政府，人們可以自由介入事情的發展，使得它變成我們理想所要的。可是從十九、二十世紀以來，「自由」的意義微妙轉變成自由就是不要去管，採取中立的態度，讓事情去發展。當我們重新發現「自由」原來有這麼一個傳統的時候，對我們今天這一種冷戰以後的自

22 Quentin Skinner, *The Foundations of Modern Political Thought* (Cambridge: Cambridge University Press, 1978).

由主義，就會產生新的反思跟治療的作用。史金納的另一本小書《自由主義之前的自由》（*Liberty before Liberalism*），就發現了大概十五世紀以來，在近代的自由主義之外，還有另外一個傳統，它是帶有共和性質的，強調社群的，著重公共人物及人在公共生活中的德行和才能的，跟現在不一樣的一個傳統。[23] 這個發現對今天自由主義的政治或許有某種校釋，甚或有修正的作用。這個也可以重新幫助我們發現另一種可能性，可能是個有用的傳統。至少我們可以看出，原來我們不是一定要變成今天的樣子，就不會把我們今天的生活本質化。

思想史跟很多歷史的研究一樣，都是幫助我們不要以為人類的歷史、人類的生活就是我們此刻看到的這樣，認為這就是本質的東西。人類曾經有過很多不一樣的選擇，所以人們可以變得不一樣，以前的東西還可能對我們今天有一種新的參照與提醒的作用。

我在《近代中國的史家與史學》的新序裏面提到，思想史跟學術史，它有一個重要作用，就是它不是只有那幾句話、那些主張的爭端而已。[24] 譬如說，我們常常注意清代的漢學與宋學之爭，但事實上，因應不同的思想跟學術觀點，它開啟的世界是不一樣的。抹殺了宋學，其實在相當程度上，就是進一步抹殺了宋代的文學、思想、人物等的

---

23 Quentin Skinner, *Liberty before Liberalism* (Cambridge: Cambridge University Press, 1998).

24 王汎森，《近代中國的史家與史學（增訂版）》（香港：三聯書店，2020；臺北：允晨文化，2020）。

《近代中國的史家與史學（增訂版）》（香港：三聯書店，2020）

正面價值，在生活的參照資料裏沒有這個資源，就像把那扇門關起來了。抹殺漢學也是一樣：漢朝那一種樸素的東西——像陳澧（1810–1882）在《漢儒通義》裏面所講的義理性的價值——被認為是沒有用的，而心性、形上的東西才是一切的本源；不只有外表剛強、正直等等這些簡單的價值，反而更本體性的知識才是最根本的。所以，思想史跟學術史本身不只是我們在一般的書上所看到與描述的那些特徵而已。事實上，它是帶有開啟性的，也有關閉性的，其後面牽涉到的是一整個的歷史世界與文化世界。你一旦選擇在學術的爭論中把它關閉，選擇說它是不好的，事實上就是關閉了整個廣大的歷史世界。古奇（George Peabody Gooch, 1873–1968）寫十九世紀的史家與史學，說到德國的羅馬史家蒙森（Theodor Mommsen, 1817–1903）

對羅馬帝國形成的研究，把一個人們早已經忘掉了的世界重新擺在我們面前，我覺得這也是一個很好的例子。[25]

25 G. P. Gooch, *History and Historians in the Nineteenth Century* (London: Longmans, Green, and Co., 1913), pp. 454–474.

思想史的外緣

問　近年歷史研究在多個領域都得益於新材料的發現，例如先秦、秦漢史的研究因為大量考古發掘出來的材料，在質與量兩方面均有重大的變化。您如何看待新材料對思想史研究的影響？您個人有沒有運用新材料進行研究的經驗可以分享？

答　確實如您所說，近二、三十年來的考古發掘，真的是對那些以考古材料佔比較重要作用的斷代史研究產生了很重大的影響。那麼，思想史當然也會受到史料發掘的益處。我覺得是有兩方面的，一方面是看到以前我們看不到的東西；另一方面則是原來稀見，但現在因為透過大量的印成總集式的書或是電子資料庫，而使得大家很容易接近和運用的東西。

就以錢穆先生的《中國近三百年學術史》為例。其實如果我們看錢先生的《師友雜憶》，可以發現在當時北平市的書海之中，對他來說，每天都有史料上的新發現。一下是潘平格（1610–1677）的《求仁錄》，一下是顧祖禹（1631–1692）的《讀史方輿紀要》，一下是章學誠在《章氏遺書》之外的文本等等，如行在山陰道上，應接不暇，不時都有新史料的發現，這也是非常讓人振奮的地方。這就是錢穆的《中國近三百年學術史》比梁啟超的《中國近三百年學術史》還要精彩、還要豐富的原因之一。有些材料梁啟超只能轉引，可是錢穆在寫書時卻能直接讀到了。梁啟超寫《中國近三百年學術史》的時候，他因沒辦法看到潘平格《求仁錄》中的演說，所以只能從唐鑑（1778–1861）《清學案小識》一書轉引。可是到了錢穆寫《中國近三百年學術史》的時候，他卻用很少的錢買到了原書，所以他可以寫得更詳細。然而，錢穆卻只引用了《求仁錄》的前一兩卷。我在《四庫全書總目》的《求仁錄》提要中，看到《求仁錄》總共有十卷。可是錢穆先生不知道是否因為只看到第一、二卷的緣故，還是別的原因，他摘引的都是《求仁錄》中潘平格「破」原來學脈的部分，而忽略了他「立」的部分，就是潘平格怎麼建立一套積極的救世哲學，使得原來有關個人修養的材料，變成治國平天下的概念。從這方面來看，把原先只強調潘氏在「破」宋明理學傳統的部分，擴展到他建立一個正面的治國平天下的架構，就是這個新材料的一個用處。

我在若干地方也提到，近年來因為有好幾部大型材料書出現，譬如說《四庫全書存目叢書》、《四庫禁燬書叢刊》、《四庫未收書輯刊》、《清代詩文集彙編》、《稀見清代四部輯刊》、《晚清四部叢刊》、《民國學術叢刊》等，還有各種資料庫，使得很多原先只能在圖書館裏面抄錄的罕見的書籍跟大量的稿抄本，現在都非常容易就可以得到。因此，我認為這是明清一般歷史的史料革命，當然它也影響了對思想史和學術史的研究。事實上，過往有很多常常需要花力氣去找的材料，現在都收錄在《民國學術叢刊》或者《晚清四部叢刊》等裏面了。像我在幾年前向北京的某個圖書館要求，希望看一本清代畢紫筠的《衡論》。後來北京那家圖書館的朋友跟我講，《晚清四部叢刊》裏面就有這本書。像這類的例子相當多，我曾經跟我的學生把清代詩文集及彙編裏面稀見的書標出，這個數目跟比例達到一個相當高的程度，所以值得注意。

我再舉個例。一般都以為汪紱（1692–1759）與江永（1681–1762）是同一個地方的人，都受朱子學的影響，其路子應該是很相近的。但錢穆先生在《中國近三百年學術史》中非常敏感地看出，汪跟江這兩人治學上有一個分歧。錢先生從他們幾封往來的書信中看出兩家治學的歧異，認為他們兩個論學並不全合。像《善餘堂文集》原來也是沒有的，是後來才標點出來的。我在傅斯年圖書館發現一部《汪雙池遺書》，便從這裏面去勾勒當時他們論學觀點之不同。汪氏學問的特色，以前很少人討論，因為史料比較不容易取得，還有當時安徽的學術特色等等。像汪紱有一部《物詮》，從程朱的學問裏面來討論「物」的觀念等。這些都是我個人認為新材料對思想史研究的影響。還有另外一個例子，我在查找清代的全盛時期，就是大概到了乾隆二、三十年時的抄本中，對清朝統治的批評跟反抗。我很驚訝地發現，現在美國國會圖書館釋出的電子書裏面，就可以看到其中若干種。這些例子，可以看出新的史料對思想史與學術史的新詮釋產生了幫助。

問 在您的著作中，往往會利用一些西方理論框架和概念，點明中國思想史上的一些問題或現象。您認為運用西方概念，對研究中國思想史有何借鑑作用和影響？

答 我在前面大概說過，我一向認為人文跟社科學者，或說是任何學者，即使是自然科學學者也一樣，都要以多種學問來治一種學問，以多學治一學。例如我最近有一篇文章，題為〈跨學科的思想史——以「廢科舉」為例〉。在這篇文章中，我運用了經濟學的「傳訊機制」理論（signaling system），來探討清末廢科舉在思想和文化等方面的影響。[1]

我是以多種學問來治思想史與學術史，我覺得，其他歷史也是一樣，要以多種學問來治一學。另外，就是要對西方的理論框架有一定的熟悉。這樣的訓練有其好處。我多年來在臺大開授「西洋史學名著」的課，因為這個機會，讓我對西方當代的史學和一些理論框架有比較多的接觸。當然，還包括我在美國唸書時的經驗。這樣的接觸，對我的中國思想史研究有一些點燃的作用。不過，我也一再強調，這些知識雖然很重要，但也只是一個夥伴（companion）而已；是一起去知識旅遊的朋友，而不是主人。我們所研究的中國思想史的問題跟材料才是主人。這些西方知識有點燃與啟迪的作用，學了以後，適當時候就自然能派上用場。我隨便舉個例子。我對威廉・詹姆士說

1 王汎森，〈跨學科的思想史——以「廢科舉」的討論為例〉，《復旦學報（社會科學版）》2（2021），頁51–60；收入本書頁79–103。

的「純粹經驗」(pure experience),非常感興趣。[2] 因此,我曾經花了一些時間,好好研究他的著作,並從而注意到日本學者西田幾多郎(1870–1945)對「善」的研究。[3] 西田幾多郎對「善」的定義中,很大程度上就是基於詹姆士的「純粹經驗」的分享,甚至連胡塞爾(Edmund Husserl, 1859–1938)的現象學也有受到詹姆士的影響。在詹姆士的心理學研究出版之後不久,胡塞爾就已經把它讀完了,所以在胡塞爾的現象學研究裏面也隱約看得出詹姆士的「意識流」、「純粹經驗」這方面的影響。我覺得「純粹經驗」可以用來解釋宋明理學的一些説法,以增加我們對相關學説的了解。譬如,明代的心學裏面常講「身心意知物是一件」,「身心意知物」是不能分開看的。我覺得如果用詹姆士的「純粹經驗」來解釋「身心意知物是一件」,可更好地把握其中的精神。當然,這兩個不一定是完全一樣的東西,但可以讓我們大概地把握這些術語主要指的內容。總之,它只是一個助燃性質的、幫助性質的、夥伴性質的,它不是主人,主人還是我們所研究的中國思想史中的問題跟材料。

問　就您所見,可否比較一下中國思想史與西方思想史,在研究取向、方法與觀念方面的異同?

答　這個問題很寬,也不容易作比較。我一下子沒辦法多講,

2　William James, "A World of Pure Experience," *Journal of Philosophy, Psychology and Scientific Methods* 1, no. 20 (September 29, 1904), pp. 533–543.

3　西田幾多郎,《善の研究》(京都:弘道館,1911)。

只能舉一個例子說說。在中國思想史裏面，學術跟思想的關係，比在西方思想史中更為密切。在中國，尤其是近三百年的學術史跟思想史關係極為密切。在西方，好像不到那麼密切的程度。我覺得這是一個不一樣的地方。在中國，思想在很大程度上跟學術的發展有關，所以前面我們談到梁啟超與錢穆，他們在講中國近三百年的思想發展的時候，都是從學術方面來講的。我覺得就跟這個有關。一方面是來自傳統，一方面是因為中國有一大套的經典，以及圍繞經典的相關研究本身，常常跟這個思想的潮流轉變有非常密切關係。

問 那麼，在您好一些的著作中，都感覺與西方學界的微觀史學和心態史有異曲同功之妙，可否說說您怎樣受到這兩類史學的影響？

答 我在前面也提到了。事實上，我在出國之前，就對年鑑學派很有興趣，儘可能的讀了不少他們的東西。我到普林斯頓唸書的時候，普大校門口對面有家小書店，現在已經沒有了，被大集團的連鎖店取代了。我曾經在那家小書店訂購當時所能找到的年鑑學派著作的英文翻譯本。我的法文不好，所以要讀英譯本。我希望把英譯年鑑學派的書全都買下來。當時那名書店老闆非常驚訝，居然有一個學生願意花這麼多錢來買書。雖然最後可能就買了二十本左右，但老闆已經非常吃驚了。他不知道告訴了誰，後來這個小故事還流傳回到我們系裏面來。當時像心態史（history of mentality），就是年鑑學派的拿手好戲，對我當然有一定的影響。我忘了誰曾說過這麼一個定義，說一個時代的心態，就是凱撒與他的士兵都共同有的一些想法。那麼，我常常開玩笑說，在某一個時期，中國原來沒有「社會」這個觀念。可是，民國初年，孫中山跟他的士兵都知道有一個東西叫「社會」，那就是心態史要研究的東西。心態史就是一種集體表現的東西，不是個別的精英或是思想家特別講的東西。

至於小歷史（micro-history），我覺得我受的影響其實沒有那麼大。當然像金茨堡的著作，我也算很熟了。我在前面也提到過，在出國前，我聽民族所一位同事講最近有一本書非常流行，就是《乳酪與蛆》。我當時非常驚訝，怎麼會有一部史學名著取這樣的名字？這當然就是一個小歷史的代表作。後來，我也陸續接觸到其他一些小歷史方面的書，但是比較來說，沒有像心態史學的影響那麼大。但我是熟悉小歷史的，尤其因為我在臺大教了多年西洋史學名著的課，自然要讀這方面的東西。若干年前，我還在中研院當副院長的時候，中研院就曾經請到小歷史的主要奠基人之一金茨堡來演講，我們當時交換過很多意見。

問 近年有很多關於所謂新清史的討論，但似乎都集中在政治、軍事、外交或族群認同方面，卻沒有從思想史角度去理解的。你對這問題有甚麼看法？

答 你這個問題觀察得很清楚、很好！確實在思想史領域裏面，我們似乎沒看到有甚麼人從新清史的角度出發，這一點其實我都還沒注意到呢！在這方面，我現在真的不太能回答。但我猜當中的原因可能是與儒家的這一套傳統有關。我的意思是，新清史強調重視清帝國的很多方面，譬如說邊疆、語言或是他們的歷史。可是，儒家跟科舉考試所形成的壟斷力太強了，所以沒辦法形成這些新清史特別感興趣的領域。因此，思想史在新清史的範圍內是屬於弱勢的。但是，另一方面，這也表示思想史在新清史的領域內說不定有發展的潛力。我們也知道，在當時中國的回教世界裏面，就是信仰回教的地區，也出現了一些經典性的書，它們有若干的思想家結合了伊斯蘭教與儒家的經典來寫了若干本書。近年，我也看到愈來愈多涉及這方面的書，可是其受重視的程度還不夠。我最近看到濮德培（Peter C. Perdue）評葛兆光《何謂中國》一書的時候，也提出這方面的呼籲。[4] 他意思就是說，一些中國思想史的研究應該要注意到這些邊緣地區——就是新清史所關心的一些地區——當時的思想、思潮呈現了甚麼樣子。

問 您對思想史研究的未來路徑跟趨勢有甚麼看法？

答 在史語所九十週年的時候，主辦者出了這麼一個題目，就是「思想史還有出路嗎？」那麼，我的意思是思想史是處理「思」的事物，思想、思考的事物，「intellection」。事實上，這裏面當然有一個很大的天地，人們隨時都是在思

4 Peter C. Perdue, "A Singular Entity," *London Review of Books* 43, no. 10 (May 20, 2021), https://www.lrb.co.uk/the-paper/v43/n10/peter-c.-perdue/a-singular-entity (accessed June 6, 2024).

考事情、思量事情的。如果思想史是人們對「思」的事情、「思」的事物的歷史研究的話，我是覺得這裏面可供討論的問題很多，可供討論的天地非常開闊。

海德格的著作裏面有提到，面向「思」的事物。他覺得「思」基本上是一種遮閉的東西，是要把事物原來被遮蔽的部分敞開，讓它澄明。他強調，要從現象中學習，讓我們回到事情本身。我看他的文章裏有一句話，請「思」來「救護」我們，而不是強加到我們身上。恢復思維自身遮蔽之澄明的看法，對我很有啟發性，但是我認為「思」的事物包括範圍很寬，海德格說的「解開遮蔽，讓其自明」，其實就是一種敞開性。另外，「思」也可以讓我們有一些概念，有一些想法，有一些思想，幫助我們去了解、解釋和度過一個又一個的生活情境。

譬如說，在 1997 到 2006 年之間，各種通俗讀物裏面，包括童書，就很常出現「電漿」(plasma)，彷彿認為一切的能源問題，最後都能以電漿來解決。可是，後來這十幾二十年，沒人在說了，消失了，直到最近美國又宣佈關於電漿的大突破。將來可能有人要研究這樣一段歷史：人類的思考裏面，曾經認為電漿可以用來解決能源問題或其他許多的事情，並寫進各種通俗讀物跟文學小說裏面，但是後來電漿的發展不成功，所以人類就不再談了。這樣一件例子，這樣一段歷史，就是一個「思」的歷程。我們認為電漿會對整個人類的生活產生很重要的作用。這樣一個思考的過程，本身也是「思」的一種方式，也值得將來的人去研究，可以成為思想史的題目。人類的這些想法，有許許多多的表現。這些也都可以成為思想史的問題。

那麼，以這個問題為例，回到我剛剛所講，「思」的範圍是很寬的。海德格所講的那一面，是我們以前忽略的；但另外有一面，同時也很重要，它幫助我們了解、解釋、度過，把一些東西調解，不管這個解釋是對還是錯。這方面的東西都是「思」的事物，它們表現在歷史上就都是思想史。所以，我主張要擴充、擴大思想史的研究天地，使得這個雷達能捕捉的範圍更廣一點，而不是只有幾個思想家而已。

我曾説過要區分「歷史的真實」和「歷史的理想」。很多人寫歷史時，寫的是「歷史的理想」，而忽略了「歷史的真實」。現在人不強調真實，而傾向於認為歷史真實是不能百分之百達到的。這個我完全同意。可是，我想很多歷史學者和我一樣，是希望能夠做到相當程度的趨近於真實。我們講的往往是「理想」，而不是實際發生的事情。可是，我們也必須注意，在很多時候，人類歷史的發展，理想還超越了事實，使得人類往好的方向發展，使得人類可以往前走。理想的部分在很多時候蓋過了現實、超越了現實，使得人們能夠跨越現實的限制往前走。我的意思是，「真實」與「理想」的兩面對於歷史研究都很重要，思想史均涉及這兩方面。涉及「理想」的，譬如説宋代士大夫所談到的種種政治理想，和一般士大夫所真正服膺的政治思想與政治心態，裏面所反映的思想特質往往是兩回事情，但這並不表示當中有任何一項不重要。我覺得思想史家，或説歷史學家，都應該同時了解這兩個方面。在五四時期，要了解當時五四的這些領袖們所提倡的「民主」與「科學」這個立場，同時亦要了解當時廣大人民對「民主」與「科學」到底有沒有了解，或了解到甚麼程度。他們在日常生活的實踐裏面，主要持哪些心態？當時「國家」、「國民」、「社會」等觀念，甚囂塵上。可是你看北京大學的平民教育演講團，到很多地方去演講，那些紀錄、那些題目現在都還可以查得到。你看他們的演講都還是在解釋甚麼是「國」、甚麼是「國民」、甚麼是「社會」、甚麼是「群」等等。再說，為甚麼當時「民主」與「科學」講得震天嘎響，但它們的命運還是充滿曲折？為甚麼後來的「黨國」跟「主義」時代，壓倒了「民主」與「科學」呢？

因此，我認為在這些層面，都要有相當的了解，才能讓我們比較清楚了解為甚麼歷史會這樣走，而沒有那樣走。我是認為要放寬思想史的視野，使得雷達的這個屏幕能放寬，使得我們能捕捉歷史上不同層次的思想的歷史。

問 最後，想請教您一個與思想史無關的問題。您習於書藝，我很好奇，這對於您研究明清時代士人的思想世界時，有沒有一些幫助？

答 談到書法，恐怕得提到兩個人。一個是我父親，我從小看他寫毛筆字。他也能彈鋼琴，這部分遺傳給了我大姐，她是地方上有名的鋼琴家。但更重要的另外一位人物，是我的初中老師鄭文雄（元愷）先生。鄭老師是著名書法家李普同（1918–1998）的弟子，所以他是標準草書協會的一員，在日本、中國臺灣書法界相當活躍，也曾經積極參與建立陝西三原的于右任紀念館。我從很早便跟著他寫字，而且承他厚愛，一直帶著我寫學校的各種大字。鄭老師楷書尤其好，我在十幾歲時經常望著他的作品問：「老師，你為甚麼不出一本習字帖？」

當然後來我也曾寫信給臺靜農先生（1902–1990），希望拜在他的門下，還附了一個回郵信封，過了快一年，突然收到一封沒有糊口的回信，裏面潦草地塞著一張臺先生寫的字（我記得是寫著王維（699–761）〈送梓州李使君〉，「文翁翻教授，不敢倚先賢」那一首詩），裏面沒有片紙隻字。這表示臺先生並沒有要收我為學生的意思，但是此後我經常臨臺先生的作品。至於我的書法與明代人物有沒有關係？我覺得多少是有的。我常寫倪元璐（1594–1644）、傅山（1607–1684）等人的字，這些人既是我研究的對象，也是我的書法導師。不過我並不是一名書法家，我認為自己只能算是一名書法愛好者及應用者。我用小楷起草公文或文稿時覺得比較流暢。余英時老師生前很少談到我的研究工作，卻幾次表示欣賞我的書法，記得我們最後一次見面時，他還望著我問：「王汎森你幾歲開始寫字？」

訪談後記

2019 年春天，我受邀到香港理工大學客座，講授兩門課，分別是「九至十九世紀中國思想史」、「十九世紀以降中國思想史」。在這段期間，與謝偉傑教授及梁偉基先生重逢。我與他們兩位相識於二十多年前香港中文大學客座之時，當時偉傑是我「中國思想史」課堂上的學生，而偉基正在研究所就讀。

在 2019 年訪港期間，梁偉基多次表示希望出版一個學者專訪的系列，並希望我參與。對於這個工作，我非常遲疑不前。主要是自己實在沒有甚麼資格作這樣一個訪談，而且我也沒有任何「金針」可以度與人。但是因為偉基的一再催促，最後實在拗不過他的美意，草草答應下來，並決定由當時就在我隔壁辦公室的謝偉傑教授負責訪談。

本來我們說好在我結束理大的訪問回到臺北之後，進行訪談，可是就在我離開香港時，「反修例」的遊行已經開始，後來規模愈擴愈大，所有訪港的行程都取消了。接著則是新冠肺炎肆虐，阻斷了一切活動。這項工作也就無從進行了。

一直到疫情結束之後，這個訪談才得以進行。我注意到偉傑所提出的問題，有不少我曾在若干的文章中表達過了。這些文章有的已在刊物中發表，有的仍是未刊稿。我遂決定做一件事，將若干文章收入本書作為「上篇」，請讀者直接參看。

這項工作的因緣是在二十多年前——二十多年前，我受朱鴻林教授之邀到香港中文大學歷史系訪問，認識了謝偉傑。二十多年後，我再度受香港理工大學朱鴻林院長之邀到理大客座，得以與謝、梁二位重逢，並促發了這個計劃。

老實說，我對出版這個訪談是高度遲疑的，而且我對思想史的看法，也一直在發展中，但是既然有約在前，只好硬著頭皮，履行前諾，趁這個機會，把一些膚淺的經驗呈現在這裏，也算是一種紀念。

王汎森

編後記

大概是 1998 年，我正在香港中文大學歷史系就讀本科。由於系內的朱鴻林教授休假到中研院去，因而請來王汎森教授客席授課，開講由先秦至唐代的「中國思想史」。我當時受到我的室友葉天賜的影響，修讀了一學年的「中國哲學史」，對思想、哲學方面是似懂非懂，算是有點興趣。又因為久聞王教授的大名，於是就選修了他的課。結果在課上獲益良多，而如今二十多年過去了，我竟然還清楚記得一些當時老師在課堂上講授內容的場景片段。

王老師回到臺灣後，我知道他逐漸承擔了很多重要的學術行政職務，異常忙碌，加上我畢業後也到社會上工作去了，自然不敢對老師多作打擾。也由於我的怠惰，因而疏於問候。與老師重新建立穩定的聯繫是在 2019 年，當時我在朱鴻林老師於香港理工大學創辦的中國文化學系供職，而王老師崔護重來，擔任客席講座教授，並開設「九至十九世紀中國思想史」，內容正好接續二十多年前在中文大學教授的課。我立刻回復學生的身分，每堂均去聽講。因此，我懷疑自己是香港唯一聽畢王老師兩門「中國思想史」課的學生。

我清楚自己完全沒有研習思想史的資質。但是，我與很多讀者一樣，喜歡閱讀王老師的文字。從老師的著作中，我總能學習和吸取到有關思考問題的方法、理解史料的視角、對歷史脈絡的把握，以及對種類繁多的概念工具的運用。閱讀王老師的著作，總會被他敏鋭的評論、廣博的學識所折服，特別是他往往像信手拈來的概念如「風」、「降一格」、「低音」、「多元競逐」、「總機式人物」等等，可説是為其分析對象畫龍點睛。老師深邃的見識，作為後輩難以冀及，只能説雖不能至，心嚮往之。但同時，老師也透過廣泛的閱讀，建立了深厚的思想資源儲備，從而展現出他在著作中所示的舉重若輕。這從本書所收錄的文章，特別是訪談錄之中，可以看出王老師閱讀面之廣博，以及如何把不同知識融入其研究中。這點一直讓我深受啟發，因此總想效法，儘量去多讀自己研究課題以外的書籍，嘗試讓自己掌握更多的理論、概念或分析工具。這次藉著參與編錄本文集，猶如又上了王老師一個學期的課，對我來說是很大的收穫。我雖不治思想史，但從老師的著作中所學到的又何止思想史，對我的教研工作的影響更是巨大，也許可以斗膽說一句：「教外別傳又何妨？」

讓一個思想史的外行來參與編錄本書，自然仰賴三聯書店梁偉基博士的膽量，也感謝他的策劃。當然，更重要的是王汎森老師對我們的信任。這次出版也得益於朱鴻林老師二十多年間無心插柳的穿針引線，否則這計劃是不可能想像兼達成的。

書稿的出版是眾人之力的成果。首先感謝王老師的研究助理陳昀秀女士。她的仔細整理，讓我們收到的稿件已呈完備的狀態。訪談錄的整理先後得力於我的學生陳偉和研究助理劉天朗；天朗亦協助校閱全書文稿。三聯書店的朱卓詠小姐在全稿的製作出版方面，勞苦功高，在此一併致謝。

我在參與這次編輯工作的過程中，腦中一直想到日文「感無量」（かんむりょう）一詞。這項計劃也算可誌我與王老師的師生因緣，以及我與偉基兄的友誼。

謝偉傑

2024 歲末

策劃編輯　梁偉基
責任編輯　朱卓詠
書籍設計　陳朗思

書　　名　跨學科的思想史
著　　者　王汎森
編　　者　謝偉傑
出　　版　三聯書店（香港）有限公司
香港北角英皇道四九九號北角工業大廈二十樓
香港發行　香港聯合書刊物流有限公司
香港新界荃灣德士古道二二〇至二四八號十六樓
印　　刷　寶華數碼印刷有限公司
香港柴灣吉勝街四十五號四樓 A 室
版　　次　二〇二五年一月香港第一版第一次印刷
二〇二五年十月香港第一版第二次印刷
規　　格　大三十二開（140 mm × 210 mm）二〇八面
國際書號　ISBN 978-962-04-5596-4

Published & Printed in Hong Kong, China.